中国社会科学院国情调研特大项目"精准扶贫精准脱贫百村调研"

精准扶贫精准脱贫百村调研丛书
CASE STUDIES OF TARGETED POVERTY REDUCTION AND
ALLEVIATION IN 100 VILLAGES

李培林／主编

精准扶贫精准脱贫
百村调研·腊月山村卷

藏族农区的土地整理与脱贫

马春华　庄　明／著

社会科学文献出版社
SOCIAL SCIENCES ACADEMIC PRESS (CHINA)

中国社会科学院国情调研特大项目
"精准扶贫精准脱贫百村调研"
项目协调办公室

主　任：王子豪
成　员：檀学文　刁鹏飞　闫　珺　田　甜　曲海燕

总　序

　　调查研究是党的优良传统和作风。在党中央领导下，中国社会科学院一贯秉持理论联系实际的学风，并具有开展国情调研的深厚传统。1988年，中国社会科学院与全国社会科学界一起开展了百县市经济社会调查，并被列为"七五"和"八五"国家哲学社会科学重点课题，出版了《中国国情丛书——百县市经济社会调查》。1998年，国情调研视野从中观走向微观，由国家社科基金批准百村经济社会调查"九五"重点项目，出版了《中国国情丛书——百村经济社会调查》。2006年，中国社会科学院全面启动国情调研工作，先后组织实施了1000余项国情调研项目，与地方合作设立院级国情调研基地12个、所级国情调研基地59个。国情调研很好地践行了理论联系实际、实践是检验真理的唯一标准的马克思主义认识论和学风，为发挥中国社会科学院思想库和智囊团作用做出了重要贡献。

　　党的十八大以来，在全面建成小康社会目标指引下，中央提出了到2020年实现我国现行标准下农村贫困人口脱贫、贫困县全部"摘帽"、解决区域性整体贫困的脱贫攻坚目标。中国的减贫成就举世瞩目，如此宏大的脱贫目标世所罕见。到 2020 年实现全面精准脱贫是党的十九大提出的三大攻坚战之一，是重大的社会目标和政治任务，中国的贫困地区在此期间也将发生翻天覆地的变化，而变化的过程注定不会一帆风顺或云淡风轻。记录这个伟大的过程，总结解决这个世界性难题的经验，为完成这个攻坚战献计献策，是社会科学工作者应有的责任担当。

2016 年，中国社会科学院根据中央做出的"打赢脱贫攻坚战"战略部署，决定设立"精准扶贫精准脱贫百村调研"国情调研特大项目，集中优势人力、物力，以精准扶贫为主题，集中两年时间，开展贫困村百村调研。"精准扶贫精准脱贫百村调研"是中国社会科学院国情调研重大工程，有统一的样本村选择标准和广泛的地域分布，有明确的调研目标和统一的调研进度安排。调研的 104 个样本村，西部、中部和东部地区的比例分别为 57%、27% 和 16%，对民族地区、边境地区、片区、深度贫困地区都有专门的考虑，有望对全国贫困村有基本的代表性，对当前中国农村贫困状况和减贫、发展状况有一个横断面式的全景展示。

在以习近平同志为核心的党中央坚强领导下，党的十八大以来的中国特色社会主义实践引导中国进入中国特色社会主义新时代，我国经济社会格局正在发生深刻变化，脱贫攻坚行动顺利推进，每年实现贫困人口脱贫 1000 多万人，贫困人口从 2012 年的 9899 万人减少到 2017 年的 3046 万人，在较短时间内实现了贫困村面貌的巨大改观。中国社会科学院组建了一百支调研团队，动员了不少于 500 名科研人员的调研队伍，付出了不少于 3000 个工作日，用脚步、笔尖和镜头记录了百余个贫困村在近年来发生的巨大变化。

根据规划，每个贫困村子课题组不仅要为总课题组提供数据，还要撰写和出版村庄调研报告，这就是呈现在读者面前的"精准扶贫精准脱贫百村调研丛书"。为了达到了解国情的基本目的，总课题组拟定了调研提纲和问卷，要求各村调研都要执行基本的"规定动作"和因村而异的"自选动作"，了解和写出每个村的特色，写出脱贫路上的风采以及荆棘！对每部报告我们都组织了专家评审，由作者根据修改意见进行修改，直到达到出版要求。我们希望，这套丛书的出版能为脱贫攻坚大业写下浓重的一笔。

中共十九大的胜利召开，确立习近平新时代中国特色社会主义思想作为各项工作的指导思想，宣告中国特色社会主义进入新时代，中央做出了社会主要矛盾转化的重大判断。从现在起到 2020 年，既是全面建成小康社会的决胜期，也是迈向第二个百年奋斗目标的历史交会期。在此期间，国家强调坚决打好防范化解重大风险、精准脱贫、污染防治三大攻坚战。2018 年春节前夕，习近平总书记到深度贫困的四川凉山地区考察，就打好精准脱贫攻坚战提出八条要求，并通过脱贫攻坚三年行动计划加以推进。与此同时，为应对我国乡村发展不平衡不充分尤其突出的问题，国家适时启动了乡村振兴战略，要求到 2020 年乡村振兴取得重要进展，做好实施乡村振兴战略与打好精准脱贫攻坚战的有机衔接。通过调研，我们也发现，很多地方已经在实际工作中将脱贫攻坚与美丽乡村建设、城乡发展一体化结合在一起开展。可以预见，贫困地区的脱贫攻坚将不再只局限于贫困户脱贫，我们有充分的信心从贫困村发展看到乡村振兴的曙光和未来。

是为序！

全国人民代表大会社会建设委员会副主任委员

中国社会科学院副院长、学部委员

2018 年 10 月

前　言

　　"小康路上一个都不能掉队！"让贫困人口和贫困地区也和全国人民一起进入小康社会，是中国经济社会发展的主要目标。2013年11月，习近平总书记在考察湖南湘西的时候，首次做出了"实事求是、因地制宜、分类指导、精准扶贫"的指示，随后中共中央办公厅详细制定了精准扶贫的工作模式。2015年6月，习近平总书记在贵州调研期间提出了"扶贫开发贵在精准，重在精准，成败之举在于精准"的精准扶贫方针，要求将有限的扶贫资源瞄准最需要的贫困群体，最大限度地消除政策和资源偏离。2015年10月16日，习近平总书记在2015年减贫与发展高层论坛上再次强调，中国扶贫攻坚工作要实施精准扶贫的方略，增加扶贫投入，出台扶贫优惠政策措施，坚持中国制度优势。从此精准扶贫成为中国扶贫模式的基调，成为推动中国经济社会发展的重要模式。

　　为了服务于中央精准脱贫大局，为打赢扶贫攻坚战提供经验和政策借鉴，中国社会科学院实施了"精准扶贫精准脱贫百村调研"的重大国情调研项目。"藏族农区的土地整理与脱贫"是百村调研的子课题，调研地点是四川省西部高原藏区县丹巴县的腊月山村。丹巴县地处青藏高原的东南边缘，属于岷山、邛崃山脉之高山峡谷区。境内峰峦叠嶂、峡谷幽深。腊月山村由一村、二村和三村组成，顺着甲布山从下往上分布。一村所在的小金川谷地海拔1900 米，三村的村民小组最高海拔接近 3700 米。海拔最高的腊月山三村最为贫困。全村没有什么耕地，仅有的耕地也非常零散，面积小、坡度大、石头多、土层薄，被称为"跑水跑肥跑田"的三跑地。村民居住也极为分散，交通极为不便，仅有一条碎石子路通向山脚下。受限于这种自然条件，村民收入微薄，极为贫困。

2015 年，四川省下发了《关于做好 2016—2020 年定点扶贫工作的通知》，要求省直各部门（单位）、部分中央驻川单位、省内大中型骨干企业、高等学校及部分经济较发达市和县（市、区）共 249 个单位参加"四大片区"88 个贫困县定点扶贫工作。丹巴县作为 88 个贫困县之一，且因其地质灾害频发，成为四川省国土资源厅定点帮扶的贫困县，腊月山三村被选中成为定点帮扶的村庄。2015 年底，针对腊月山三村的现状，围绕丹巴县扶贫与脱贫的总体目标，四川省国土资源厅制定了《四川省国土资源厅联系指导丹巴县及腊月山三村等 4 个贫困村精准扶贫工作实施方案》，提出从 2015 年开始，用 5 年时间，全面清除贫困村的绝对贫困现象，实现贫困人口全部脱贫，贫困村"摘帽"。将以国土资源厅直属机关为依托，以土地统征整理事务中心、地质环境监测总站、国土勘测规划研究院为龙头，整合扶贫资源和扶贫力量。根据腊月山三村等 4 个贫困村的实际情况，国土资源厅提出主要的帮扶措施是以土地整理和地质灾害预防为主的工程项目帮扶。

《中国农村扶贫开发纲要（2011—2020年）》强调要加强贫困地区的土地整治，2017年出台的《全国土地整治规划（2016—2020年）》针对性地部署开展"集中连片特殊困难地区土地整治工程"，土地整治逐步成为扶贫攻坚的主要措施，特别是在地质灾害频发、生存条件恶劣、生态环境脆弱、基础设施滞后的连片特困区和少数民族贫困区域。腊月山村位于高山峡谷之中，海拔高、耕地面积小、坡度大、基础设施薄弱，各种地质灾害频发，这些致贫因素导致当地村民生产生活都陷入困境之中。而土地整治可能缓解或者消除这些致贫因素，因为通过农用地整理，能够增加耕地面积，提高耕地质量，改善耕作条件；通过村庄用地整理，能够改善当地的基础设施，改善居住环境；通过生态型土地整治，能够修复当地脆弱的生态环境。这些因素，都有可能帮助他们真正走出贫困。从2016年开始，国土资源厅安排地质灾害防治资金1.34亿元，用于开展686处地质灾害隐患点群测群防专职监测队伍建设、643户避险搬迁安置等项目，全面提升丹巴县地质灾害防治能力；安排资金3489万元，实施丹巴县半扇门乡土地整理项目、聂呷乡和巴旺乡土地整理项目，共计整理土地21341亩，极大地改善了当地农业生产条件。

而无论是灾害防治还是土地整理，腊月山村都是国土资源厅帮扶的重点，投入了大量的人力和物力，包括投入200万元建立的接近1000平方米的应急避难场所，省级投入 220 万元，用于腊月山三村到村到户公路沿线应急排危点整治，县里投入 400 多万元，实施腊月山三村到村连户路扶贫项目，还有以腊月山三村、腊月山二村和阿娘沟一村为核心区域辐射半扇门乡 22 个村投资近 2000 万元的土地整理项目（腊月山三村投入 600 万元）。这些工程项目究竟在多大程度上帮助腊月山村村民摆脱贫困，是否为针对当地最有效和精准的扶贫方式和策略，就是我们这个课题组想要探讨的问题。

课题组在腊月山村的调查一共进行了三次：2016 年底完成村问卷；2017 年 4 月完成第一次调研，共完成大约 70 份问卷，并对相关的乡村干部进行了访谈；2017 年 9 月完成第二次调研，除了和第一次一样考察当地乡村半年来的变化、补充第一次调研问卷、对相关的乡村干部进行更加细致的访谈外，还访谈了四川省扶贫移民局和丹巴县扶贫移民局，对全省和全县的扶贫规划与具体政策的实施有了一个整体的把握。

通过在腊月山村的调研，我们发现腊月山村由于地处川西高原藏区，气候恶劣、耕地面积狭小、地块分散、坡度陡峭、土壤贫瘠，农作物产量极低，还不足以让村民自给自足，村民处于普遍贫困的状况。四川省国土资源厅提供的对口帮扶，帮助他们平整了土地，改善了农田水利基本设施，兴修了村道、入户路和连户路，建了避险场所，排除了公路沿线的地质危害，再加上丹巴县大力推动产业扶贫，政府实施的通村通畅工程、农村危房改造、藏区新居计划、幸福美丽新村、易地扶贫搬迁等扶贫项目，退耕还林补贴、生态公益林补贴、草原生态补贴、耕地地力保护补贴等普惠性的农业补贴，还有特困人员救助、农村最低生活保障制度等社会安全网，教育、医疗方面的津贴和保险，特别是村民主动外出务工，寻找非农就业机会，这些都极大地改善了腊月山村村民的家庭经济状况，改善了村庄层面的基础设施建设和公共服务供给，2016年底腊月山一村和三村两个贫困村"摘帽"，一村和三村的所有贫困户脱贫，只有二村还留下了8户贫困户。

但是，我们也发现很多扶贫措施并没有达到理想的帮扶效果。土地整理对于藏族农区脱贫的影响是我们这次调查的重点。我们发现土地整理（整治）项目，的确改善了农村的基础设施，平整了土地，改善了地力，提高了耕地质量，减少了地质灾害发生的可能性。同时，也减少了村民们生产生活成本，比如生产中生产资料的运输成本，下山就医就学的成本等。土地整理工程的实施，也给当地村民带来了短暂的非农务工机会。但是，由于腊月山村的耕地先天禀赋差，而这种禀赋是通过土地整理无法改变的，比如坡度陡、土层薄，再加上高山气候寒冷，土地整理之后的农田也不可能变成高产农田，更不可能阡陌成片，流转承包给某个人或某个公司。同时，我们发现基础设施建设的成本太高，成本和产出完全失衡。腊月山三村只有47户，四川省国土资源厅投入1500万元，而且因为没有后续维护费用，加上地质灾害和天灾频发，这1500万元也不能发挥其应有的作用。与土地整理这种帮扶模式相比较，对于生活在环境恶劣、生态脆弱的腊月山村的村民来说，整体易地扶贫搬迁可能效果会更好，但是囿于各种制度因素的限制而无法实现。

精准扶贫，最为重要的是"精准"二字，因此首先就要精准地识别出贫困村和贫困户。我们在调查中发现，虽然川西高原藏区的所有县都被纳入贫困县，但是每个贫困县的贫困村是有一定指标的。比如，半扇门乡的贫困村就只有 7 个指标，而半扇门乡一共有 22 个村。这些村庄的经济状况差异并不大。如何在这 22 个村中选择 7 个贫困村，就是各个利益群体之间博弈的结果，也是各个村的村干部获取资源能力的展现。最后，腊月山村的三个村中，一村和三村是贫困村，二村不是，而二村实际上各方面的条件都不及一村。而贫困户的选择，对于普遍贫困的村庄来说就更加困难。政府用于识别贫困人口划定的贫困线，是基于个人生存的最基本需求，这在温饱问题已经基本解决的地区没有什么实际意义。在扶贫实践中，往往会综合考虑收入、资产和支出状况。许多贫困村都采取村民评议与住户调查相结合的方式识别贫困农户，因此会掺入许多主观因素。贫困户的确定，还往往成为村庄矛盾的来源，因为贫困户的身份是和许多资源联系在一起的。我们建议这些少数民族贫困地区，尽可能把所有符合贫困户资格的农户都纳入贫困户范畴，或者减少和贫困户身份相关联的资源，实施更多普惠性的扶贫政策和项目。

产业扶贫是开发式扶贫和造血式扶贫的一个重要扶贫路径，但是扶贫的逻辑和产业发展的逻辑是不一致的。扶贫遵循的是扶贫济困的社会道德逻辑，希望扶贫项目得以落实，项目资金得以投入，贫困户的收入就能够提高；而产业发展则更多追求的是市场竞争的逻辑，产业能真正发展成为产业，需要得到市场检验和真正认可，需要产品具有市场竞争力，而不是产业的扶贫性质。只有真正成为市场所认可的产业，才可能使贫困户从中受益。产业扶贫也是丹巴县主攻贫困的一个重要措施，腊月山三村的产业扶贫主要是藏香猪养殖和中草药种植，腊月山一村是生猪养殖和糖心红富士苹果种植，到调查结束为止，只有藏香猪养殖给村集体和贫困户带来了少量的收益，其余都还在预期之中。即使中草药种植有"公司 + 农户"模式中的公司保底，但是在丹巴县广泛种植中草药，而腊月山三村的村民缺乏这方面的经验，中草药生长的年限长达 3~4 年的情况下，前景也并不明朗。我们建议贫困县在进行产业扶贫的时候，要真正从市场逻辑出发，在进行可行性评估和考察的基础上，发展适合本地特色又能够真正为市场所接受的产业；更多地致力于推动地方经济发展，让贫困户可以选择参与有市场前景的产业开发，也可以选择在县域内务工或者经商。

目　录

第一章

调研背景

中国的扶贫开发始于 20 世纪 80 年代中期。通过中国经济快速发展的带动作用，以及实施国家八七扶贫攻坚计划、中国农村扶贫开发纲要等项目，中国贫困人口大量减少，取得了举世公认的成就。但是自 20 世纪 90 年代之后，中国农村贫困人口减少的速度放缓，甚至出现贫困人口反弹的现象，[①] 到 2013 年，根据推算中国农村贫困人口依然有 8249 万。虽然扶贫策略经历了区域性扶贫开发到贫困县瞄准机制，到贫困村瞄准机制，到区域性、贫困县、贫困村相结合的综合性扶贫，[②] 但贫困县、贫困村和贫困户的鉴别，扶贫项目和资金的瞄准和效率等问题，都困扰着中

---

① 王晓毅、马春华：《中国 12 村贫困调查：理论卷》，社会科学文献出版社，2009。
② 沈茂英：《四川藏区精准扶贫面临的多维约束与化解策略》，《农业经济》2015 年第 6 期。

国扶贫开发的进一步推进。

2013 年 11 月，习近平到湖南湘西考察时首次做出了"实事求是、因地制宜、分类指导、精准扶贫"的重要指示。2014 年，中共中央办公厅、国务院办公厅在《关于创新机制扎实推进农村扶贫开发工作的意见》中明确精准扶贫工作机制。2015 年 6 月 18 日，习近平在贵州召开的部分省区市党委主要负责同志座谈会上，强调扶贫开发工作已进入"啃硬骨头、攻坚拔寨"的冲刺期，提出扶贫开发"贵在精准，重在精准，成败之举在于精准"。在 2015 年减贫与发展高层论坛上，习近平提出中国扶贫攻坚工作要实施精准扶贫方略，坚持分类施策。从此精准扶贫成为中国扶贫模式的基调，成为推动中国经济社会发展的重要模式。

为了服务于中央精准脱贫大局，为打赢扶贫攻坚战提供经验和政策借鉴，中国社会科学院实施了"精准扶贫精准脱贫百村调研"的重大国情调研项目。"藏族农区的土地整理与脱贫"就是百村调研的子课题之一。课题组的主要成员由中国社会科学院社会学研究所和四川省成都市社会科学院社会学所的专家构成，负责所有的实地调查和调研报告的撰写。"藏族农区的土地整理与脱贫"子课题从 2016 年底开始实施。前期为资料整理和问卷设计准备阶段，然后开始进行村问卷的调查，以期对村的状况有一个整体的了解；然后于 2017 年 4 月和 9 月进行了两次实地调查；2017 年底到 2018 年，整理数据和访谈资料，准备写作大纲并进行写作。

第一节　调研问题

　　《中国农村扶贫开发纲要（2011—2020年）》强调要加强贫困地区的土地整治，2017年出台的《全国土地整治规划（2016—2020年）》有针对性地部署开展"集中连片特殊困难地区土地整治工程"，土地整治逐步成为扶贫攻坚的主要措施，特别是在地质灾害频发、生存条件恶劣、生态环境脆弱、基础设施滞后的连片特困区和少数民族贫困区域。

　　我们这次选择的调研地点——腊月山村，属于四川省深度贫困区，地处川西贫困"四大片区"的高原藏区丹巴县，位于高山峡谷之中，海拔高、耕地面积小、坡度大、基础设施薄弱，各种地质灾害频发。而当地村民主要以当地的自然和生态资源获取为生计来源，他们的生产生活高度依赖当地自然和生态资源的开发与利用。[1] 因此，这些恶劣的自然条件导致当地村民生产生活陷入贫困之中。土地整治可能是缓解或者消除这些致贫因素的重要措施，因为通过农用地整理，能够增加耕地面积，提高耕地质量，改善耕作条件；通过村庄用地整理，能够改善当地的基础设施，改善居住环境；通过生态型土地整治，能够修复当地脆弱的生态环境。[2]

---

[1] 甘庭宇：《精准扶贫战略下的生态扶贫研究——以川西高原为例》，《农村经济》2018年第5期。

[2] 刘新卫：《基于土地整治平台促进连片特困地区脱贫攻坚：以乌蒙山连片特困地区为例》，《中国国土资源经济》2017年第5期。

同时，四川省 2016 年下发了《关于做好 2016—2020 年定点扶贫工作的通知》，要求省直各部门参加"四大片区"88 个贫困县定点扶贫工作，丹巴县和腊月山三村成了四川省国土资源厅的定点扶贫对象。而国土资源厅的职责就是管理国土资源，优化配置国土资源和保护耕地等。结合自身的职责和专业优势，国土资源厅的主要扶贫措施包括土地增减挂钩、土地整理、耕地保护、避险搬迁、矿产资源扶贫等。四川省国土资源厅 2015 年底出台的《四川省国土资源厅联系指导丹巴县及腊月山三村等 4 个贫困村精准扶贫工作实施方案》，强调根据腊月山三村等 4 个贫困村的实际情况，国土资源厅将实施以土地整理和地质灾害防治项目为主的工程项目帮扶。

因此，从 2016 年开始，腊月山村的主要脱贫途径就是土地整理，包括地质灾害防治工程，辅以花椒种植、中药材种植、藏香猪养殖的产业扶贫项目。国土资源厅安排资金 3489 万元，实施丹巴县半扇门乡土地整理项目、聂呷乡和巴旺乡土地整理项目，共计整理土地 21341 亩；安排地质灾害防治资金 1.34 亿元，用于开展 686 处地质灾害隐患点群测群防专职监测队伍建设、643 户避险搬迁安置等项目，全面提升丹巴县地质灾害防治能力。"藏族农区的土地整理与脱贫"子课题就是以腊月山村为个案，剖析在深度贫困的藏族农区，扶贫攻坚的最后区域，土地整理是否能够帮助少数民族真正摆脱贫困；深入分析土地整理这种扶贫和脱贫模式在实践中的效果；展示不同历史地理环境中，不同的经济文化民族背景中，如何能够实现精准扶贫精准脱贫。

第二节　土地整理（整治）

一　土地整理（整治）的概念

1997 年，《中共中央　国务院关于进一步加强土地管理切实保护耕地的通知》（中发〔1997〕11 号）提出："积极推进土地整理，搞好土地建设。"1999 年修订的《土地管理法》明确规定"国家鼓励土地整理"，要求地方政府"对田、水、路、林、村综合整治，提高耕地质量，增加有效耕地面积，改善农业生产条件和生态环境"。为了贯彻落实《土地管理法》规定和党中央、国务院要求，2001年，国土资源部会同有关部门组织编制了《全国土地开发整理规划（2001—2010 年）》。

2003 年 3 月，国土资源部颁发《全国土地开发整理规划（2001—2010 年）》，提出土地开发整理包含土地整理、土地复垦和土地开发三项内容，并明确提出"土地整理"的概念："指采用工程、生物等措施，对田、水、路、林、村进行综合整治，增加有效耕地面积，提高土地质量和利用效率，改善生产、生活条件和生态环境的活动。"同时，规划明确了包括四川省西部高原藏区在内的西南区域的土地开发整理重点是"结合退耕还林，治理水土流失，加大农田建设力度……改善生态环境，提高土地质量，增加有效耕地面积"。

2012年3月，国务院批准正式颁布《全国土地整治规划（2011—2015年）》。文件中不再使用"土地整理"的概念，而改为"土地整治"的概念，并明确了"土地整治"的概念："土地整治是对低效利用、不合理利用和未利用的土地进行治理，对生产建设破坏和自然灾害损毁的土地进行恢复利用，以提高土地利用率的活动，包括农用地整理、土地开发、土地复垦、建设用地整治等。"从"土地整理"到"土地整治"，不仅术语名称发生了改变，概念的内涵和外延也发生了变化：前者更多集中于基本农田/农用地和农村建设用地的整理，而后者还包括了土地开发、土地复垦，而且从农村延展到城镇，包括了城镇工矿建设用地整理，不仅要推动农业现代化，还要推动城镇化和工业化。

2017年出台的《全国土地整治规划（2016—2020年）》，强调"十三五"期间土地整治的首要目标是推进高标准农田建设，落实藏粮于地的战略。其中基本农田整治重大工程就包括"集中连片特殊困难地区土地整治工程"："按照解决贫困地区的口粮田、生态环境脆弱、地质灾害频发问题的要求，根据集中连片特殊困难地区耕地情况、水土平衡情况、空间分布规律等，结合各地区的经济社会状况，分区域、分类型开展土地整治，改善土壤及耕种条件，完善农田基础设施，提高耕地质量，增强抵御自然灾害的能力，增加粮食产能。涉及 21 个省（区、市）680 个县（市、区），工程建设规模为 1000 万亩，增加有效耕地面积约 77 万亩，总投资约 300 亿元。"

2015 年，四川省国土资源厅和财政厅共同出台了《四川省土地整治项目和资金管理办法》，其中明确提出了四川省的土地整治，"是指对田、水、路、林、村实行综合整治，对宜农未利用地进行开发，对低效利用土地进行整理，对废弃土地或自然损毁土地进行复垦，增加有效耕地面积，提高耕地质量，改善农业生产条件和生态环境的活动"，而土地整治项目"是指根据土地利用总体规划、土地整治规划，由国土资源部门组织实施的土地整理、土地开发、土地复垦等项目"。也就是说，四川全省的土地整治概念是外延更为广泛的概念，类似于《全国土地整治规划（2011—2015 年）》中提出来的土地整治概念。

丹巴县腊月山村地处川西高原藏区，是《中国农村扶贫开发纲要（2011—2020 年）》划定的 14 个连片特殊困难地区之一。这里讨论的"土地整治"更接近于"土地整理"的概念，集中于基本农田的整治，主要涉及三大板块：一是坡改梯，把原有的坡地改为水平梯田，并对贫瘠的土地进行深翻，再施加地力培肥（有机肥），从而实现土地肥沃，粮食增产。同时，铺设网格，实现水土保持。二是建设农田水利设施，包括蓄水池、水渠、囤水田等。三是新建田间道路，包括生产道路，主要是便于耕机等农用车辆、机械通行。同时，根据《全国土地整治规划（2016—2020年）》，腊月山村的"土地整治"不仅仅局限于基本农田整治，还包括农村建设用地、非耕地和低效土地的整治，也包括对地质灾害的预防，对农田和自然环境的保护，是广义的土地整治概念。

二 土地整理（整治）模式

不同地方的土地整理（整治）实践，形成了不同的土地整理（整治）模式。张正峰根据土地整理（整治）模式的构成要素和特征，提出了包含四级指标的土地整理（整治）模式分类方案：①第一级为土地整理（整治）的地域特征，这反映了土地整理（整治）模式的空间属性，主要涉及土地整理（整治）的自然地域和经济发展水平。②第二级为待整理土地利用类型，这是土地整理（整治）活动的载体，反映了土地整理（整治）的功能结构，主要涉及待整理区域中光热水土等自然因子条件和人类劳动投入下的各种设施。③第三级为土地整理（整治）目标，体现了土地整理（整治）模式的指向。④第四级为土地整理（整治）运作方式，这是土地整理（整治）活动的实现形式，可以通过土地整理（整治）的资金筹集方式和经营方式来反映。①

张正峰提出的第一级土地整理（整治）的地域特征指

---

① 张正峰：《我国土地整理模式的分类研究》，《地域研究与开发》2007年第4期。

标，就是《全国土地整治规划（2016—2020年）》提出的分区域、分类别展开土地整治。《规划》把全国划分为东北地区、京津鲁豫地区、晋豫地区、苏浙沪地区、湘鄂皖赣地区、闽粤琼地区、西南地区、青藏地区、西北地区，不同地区有着不同的待整理土地类型，也有着不同的土地整理目标。川西高原藏族区域属于长江上游与黄河上游的重要水源涵养区，承担着极为重要的生态保育任务，而且被整体划为川滇森林及生物多样性保护重点生态功能区、若尔盖高原湿地水源涵养区。[①] 按照《规划》，川西高原藏族区域属于西南地区，这里的土地整理因此也应以建设生态安全屏障和提高农地利用效益为主要方向，注重修复和保护生态环境，限制对土地的开发，将农田整理与陡坡退耕还林还草等相互结合，对于山地的缓坡耕地进行坡改梯，加大基本农田建设力度。

待整理土地利用类型包括生产能力不高或者利用中存在问题的农用地、建设用地和农村居民点用地。[②] 生产能力不高或者利用中存在问题的农用地主要包括基本农田、中低产耕地，以及中低产园地、林地和草地。基本农田整理是指优化基本农田建构布局，完善农田基本设施，增强农田抵御各种自然灾害的水平，提高农田质量和土地集约利用水平。中低产耕地是指利用中存在限制因素的土地，比如土层较薄、土壤侵蚀、盐碱化等。中低产耕地的整理

---

① 沈茂英：《四川藏区精准扶贫面临的多维约束与化解策略》，《农村经济》2015年第6期。
② 赵伟、张正峰：《国外土地整理模式的分类及对我国的借鉴》，《江西农业学报》2010年第22卷第10期。

就是针对低产原因因地制宜采用工程、生物、农业技术相结合的改良措施来提高耕地的质量和生产力水平，改造成为高标准农田。低产园地、林地、草地，是在开发中原有植被被破坏，导致水土流失和肥力下降的土地，也需要因地制宜提高园地、林地、草地的生产力，改善生态环境。[①]

根据《全国土地整治规划（2016—2020年）》，建设用地主要涉及城乡建设用地增减挂钩政策。根据国土资源部2009年出台的《城乡建设用地增减挂钩试点管理办法》，所谓城乡建设用地增减挂钩政策，指的是利用土地用地整体规划，将若干拟整理复垦为耕地的农村建设用地地块（拆旧地块）和拟用于城镇建设的地块（即建新地块）等面积共同组成建新拆旧项目区，通过建新拆旧和土地整理复垦等措施，保证在项目区内各类土地面积平衡的基础上，实现建设用地总量不增加，耕地面积不减少，质量不降低，城乡用地布局更为合理。而农村居民点的建设和这个政策密切相关，因为优化农村居民点布局，目的就是引导农民居住向集镇、中心村集中，提高节约用地水平。以"空心村"和"危旧房"整治改造为重点，推进农村建设用地整理，提高宅基地利用效率，同时加强农民居住点内部的道路、水、电、通信等基础设施，提供基本的公共服务。

土地整理的目标包括改善农业经营条件，为城市建设和大型基础设施建设提供用地，改善居民的居住和生活环

---

① 张正峰：《我国土地整理模式的分类研究》，《地域研究与开发》2007年第4期。

境，保护景观和生态环境。^①从中国土地整理的发展历史来看，最初土地整理的主要目标就是解决农业生产中土地利用问题，扩大耕地面积的有效供给，以弥补建设用地对于耕地的占用。其次就是对中低产耕地进行改造，提高耕地的质量和生产力。通过土地整理实现土地连片平整，加强基础设施建设，这些都为农业生产经营创造了更好的条件。为城市建设和大型基础设施建设提供用地和城乡建设用地增减挂钩政策有关，而改善居民的居住和生活环境就涉及农民居住点的建设。随着社会经济的发展，土地整理的目的也开始强调对生态环境的保护，希望土地整理不会破坏农业生态环境，而达到经济效益与生态环境效益的协调统一。这一点在《全国土地整治规划（2016—2020年）》中有关西南地区和青藏地区土地整理（整治）目标中表现得最为明显。

土地整理（整治）需要大规模的资金，土地整理的资金来源一般包括三个部分：国家（中央政府和地方政府）、企业（参与土地整理的企业）和个人（土地整理地区的所有人）。国外土地整理资金的筹集基本上已经形成了多元化的筹集方式。^②根据中国现行法律的规定，土地整理资金绝大部分出自政府划拨新增建设用地有偿使用费、耕地开垦费以及专门用于农业开发的土地出让金收

---

① 赵伟、张正峰：《国外土地整理模式的分类及对我国的借鉴》，《江西农业学报》2010 年第 22 卷第 10 期；张正峰：《我国土地整理模式的分类研究》，《地域研究与开发》2007 年第 4 期。

② 赵伟、张正峰：《国外土地整理模式的分类及对我国的借鉴》，《江西农业学报》2010 年第 22 卷第 10 期。

益。① 也就是说，中国土地整理的资金多来自中央政府和地方政府。② 但是，土地整理（整治）所需资金规模庞大，仅仅依靠政府的资金远远不能满足需求。近年来，各地都在探索土地整治资金的 PPP 模式，也就是说政府和社会资本合作模式：政府为了增强公共产品和服务供给能力，通过特许经营、购买服务、股权合作等方式，与社会资本建立利益共享、风险分担的长期合作关系。③ 浙江湖州等地实践形成了三种土地整治 PPP 模式——政府部门 + 龙头企业 + 农户合作模式，政府部门 + 专业合作组织 + 农户合作模式，政府部门 + 土地整理公司 + 农户合作模式；④ 上海模式是将土地整理和土地开发进行联合捆绑；⑤ 章丘黄河则是将农村新型社区和现代农业园共建。⑥

土地整理（整治）的经营运作方式主要涉及土地整理（整治）中公众参与程度。公众参与程度的高低是土地整治工程能否顺利开展的关键。⑦ 国外土地整理中非常重视公众参与，经营运作多是采取政府与整理区域中的农户联合的方式。比如，德国土地整理的执行单位是参加者联合会，其是由土地整理区域内的全部地产所有者及土地整

① 戚宏彬：《土地整治 PPP 模式的研究综述》，《中国管理信息化》2017 年第 20 卷第 6 期。
② 张正峰：《我国土地整理模式的分类研究》，《地域研究与开发》2007 年第 4 期。
③ 戚宏彬：《土地整治 PPP 模式的研究综述》，《中国管理信息化》2017 年第 20 卷第 6 期。
④ 何丹、吴九兴：《PPP 模式农地整理项目的运作方式比较》，《贵州农业科学》2012 年第 10 期。
⑤ 程明勇：《土地整治项目 PPP 模式研究初探》，《中外企业家》2016 年第 10 期。
⑥ 杨剑、曹海欣：《运用 PPP 模式开展土地整治的实践与思考——以山东省章丘市为例》，《中国土地》2016 年第 12 期。
⑦ 崔全红：《土地整治研究进展综述与展望》，《农村经济与科技》2018 年第 29 卷第 11 期。

理期间的全部建屋权人组成的。[①] 德国、荷兰、日本等国家在法律上就规定了土地整理项目必须得到大多数人的同意，土地整理项目规划是通过吸收社会各阶层、各利益集团的意见之后达成平衡，从而形成一个大家都共同遵守的契约。[②]《国务院关于全国土地整治规划（2011—2015年）的批复》中强调要建立公众参与机制，《全国土地整治规划（2016—2020年）》中也提出要建立政府主导、国土搭台、部门协同、上下联动、公众参与的工作机制，但是公众具体参与制度基本上还是处于空白阶段。[③] 因此，中国现在土地整理（整治）中公众参与严重不足，土地整治仍然主要是政府行为或者"精英"行为。[④] 公众参与土地整理项目主要体现在规划设计阶段，[⑤] 公众参与的方法局限于会议讨论和实地调查，很难影响土地整理（整治）决策结果。[⑥]

三 土地整理（整治）与扶贫脱贫

国外的相关研究表明，土地整理（整治）是乡村振兴和乡村发展、增加农民可支配收入的有效手段。特别是对

---

① 赵伟、张正峰：《国外土地整理模式的分类及对我国的借鉴》，《江西农业学报》2010年第22卷第10期。
② 王文玲、阚酉浔、汪文雄、杨钢桥：《公众参与土地整理的研究综述》，《华中农业大学学报》（社会科学版）2011年第3期。
③ 李宴：《土地整理公众参与权及其法律实现》，《农村经济》2015年第7期。
④ 刘新卫：《建立健全土地整治公众参与机制》，《国土资源情报》2013年第7期。
⑤ 崔全红：《土地整治研究进展综述与展望》，《农村经济与科技》2018年第29卷第11期。
⑥ 刘新卫：《建立健全土地整治公众参与机制》，《国土资源情报》2013年第7期。

于比较贫困的偏远农村地区来说，这是促进当地可持续发展的有力举措，因为通过土地整治可以增大田块有效耕地面积，有效消除土壤板结、盐渍化，有利于提高土壤保水保肥性能，从而提高农田的产出。同时，也可以减少农户在地块之间的行走时间，进而提高农田的耕作效率。这些都为农民增产增收奠定了坚实的基础。[1]德国最早开始土地整理活动，除注重土地整理的经济效益、社会效益、生态效益及景观综合效益之外，把土地整理、乡镇改造和发展规划结合起来。荷兰、俄罗斯、日本、韩国等国家也相继开展了土地整理（整治）的实践活动。[2]

2011 年出台的《中国农村扶贫开发纲要（2011—2020 年）》提出要推进贫困地区土地整治，集中于中低产田改造，开展土地平整，提高耕地质量，特别是要加强连片特困地区的基础设施建设和生态建设，并且在资金上加强对贫困地区土地整治的投资倾斜。土地整治从此成为扶贫开发的一种重要的策略和方法。2015 年出台的《中共中央　国务院关于打赢扶贫攻坚战的决定》中提出要完善扶贫开发用地政策，中央和省级在安排土地整治工程和项目、分配下达高标准基本农田建设计划和补助资金时，要向贫困地区倾斜。2017 年出台的《全国土地整治规划（2016—2020 年）》，强调"十三五"期间基本农田整治重大工程包括"集中连片特殊困难地区土地整治工程"。

① 崔全红：《土地整治研究进展综述与展望》，《农村经济与科技》2018 年第 29 卷第 11 期。
② 门鑫：《土地整治项目效益评价研究——以甘肃某扶贫工程为例》，兰州交通大学硕士学位论文，2017。

随后，国土资源部从2012年开始陆续出台了《关于支持集中连片特困地区区域发展与扶贫攻坚若干意见》《关于支持乌蒙山片区区域发展与扶贫攻坚的若干意见》《关于支持凉山彝族自治州扶贫攻坚意见》《关于支持四川省巴中市扶贫攻坚的意见》《关于用好用活增减挂钩政策积极支持扶贫开发及易地扶贫搬迁工作的通知》等，对于用好土地政策支持扶贫地区的区域发展与扶贫脱贫做出全面部署，将土地整治作为支持扶贫脱贫的重要政策和方法。国土资源部的土地政策主要包括切实保障扶贫开发用地，完善和拓展增减挂钩政策，优先安排国土资源改革试点，支持开展农村土地整治，加强矿产勘查开发和地质环境保护。土地整理（整治）成为当前改变土地农业发展方式、提高耕地产能、促进农民增产增收的重要也最为有效的手段，在促进贫困地区的区域发展和脱贫减贫方面发挥着不可替代的作用。

具体来说，土地整理（整治）助力扶贫脱贫的主要形式可能包括：①围绕"投资拉动脱贫"，改善农村基础设施建设。根据2015年国土资源部土地整治中心对15个省份42个农用地整治项目的调研结果，农用地整治项目带来的投资乘数效应高达3.28。②围绕"就业帮助脱贫"，通过土地整治工程提供就业机会。土地整治工程施工用于雇用劳动力的资金一般占总投资的20%，能够给当地提供相当数量的就业岗位。③围绕"产业发展脱贫"，改善农业生产条件，方便农民土地承包流转，为产业扶贫奠定基础，比如建立农产品产业区，发展乡村旅游业等。④围绕

"易地搬迁脱贫"，改善农村生活条件，复垦迁出地，整治迁入地村庄用地和农用地，为实施易地搬迁扶贫奠定基础。⑤围绕"生态保护脱贫"，通过修复和保护生态环境，引导和组织贫困人口参与生态建设与修复来获得收益。①土地整治和扶贫脱贫之间的关系在图1-1中得到了清楚展示。

近些年的实践表明，土地整治在贫困地区的扶贫脱贫方面发挥着重要作用。贵州省毕节市朱昌镇现代农业示范园实施土地整治项目后，新增耕地26.67公顷，耕地等级从11等提升到10等，单位耕地产值从15000元/公顷增加到75000元/公顷。贫困人口的收入从2930元增加到3500元。②贵州望谟县通过以农用地整治为重点，使耕地质量平均提升了1.05等，涉及的农民年人均收入增加了1374.86元，新增耕地率4.41%。③贵州威宁县土地整治结合产业规划打造云贵高原的立体农业产业，产业基地务工使贫困人口收入增加2500元，土地流转分红每亩土地达到2600元，产业结构调整使农民纯收入从种植玉米和烤烟的375元/亩和1900元/亩增加到种苹果和紫皮大蒜的6600元/亩和3990元/亩。④四川巴中通过叠加城乡建设用地增减挂钩、农村土地整治和地质灾害避险搬迁，取得

---

① 刘新卫：《土地整治如何助力扶贫攻坚》，《中国土地》2016年第4期。
② 刘新卫、杨华珂：《贵州省土地整治促进脱贫攻坚的现状及发展建议》，《贵州农业科学》2016年第25期。
③ 钱旭、杨玲：《土地整治中的扶贫之路探析——以望谟县为例》，《农村经济学》2017年第7期。
④ 张超：《浅谈土地整治助推精准扶贫——以贵州省威宁县中水镇土地整治项目为例》，《低碳世界》2017年第11期。

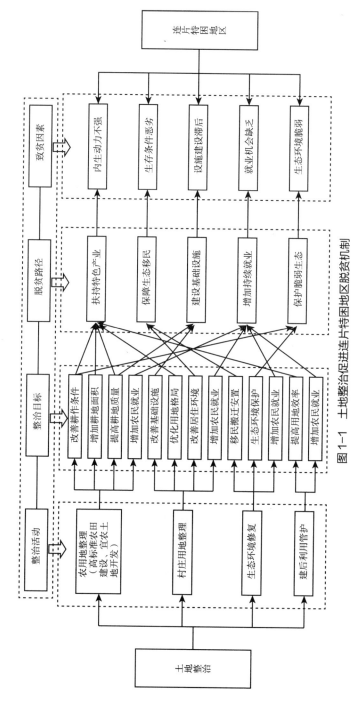

图 1-1 土地整治促进连片特困地区脱贫机制

资料来源：刘新卫．《基于土地整治平台促进连片特困地区脱贫攻坚：以乌蒙山连片特困地区为例》，《中国国土资源经济》2017 年第 5 期。

了扶贫实效。[1] 云南省在乌蒙山区安排了土地整治项目 75 个，投资 16.59 亿元，建设规模 70.80 万亩，极大改善了当地群众的生产生活条件，项目区土地成为"田成方、路相通、渠相连"的高产稳产农田，土地利用程度普遍提高 3% 以上，生产能力普遍提高 10% 以上，而生产成本降低 10% 以上。土地整治项目惠及 80 多万农民群众，人均增收粮食 400 余公斤，人均增加纯收入 500 余元，新增耕地解决了 20 多万农民长远生计，部分项目还为 3 万多易地扶贫移民安置提供了生产生活用地。[2]

第三节　研究方法与资料收集

本课题的研究方法主要来源于社会学的田野研究。调查工具主要包括村问卷、户问卷。所有的调查工具由总课题组统一设计。我们在 2016 年底完成村问卷，2017 年 4 月完成了第一次调研，2017 年 9 月完成了第二次实地调研。

丹巴县地处青藏高原东南边缘，成都平原以西的邛崃山脉西坡，属岷山、邛崃山脉之高山峡谷区，在大雪山脉

① 吕苑娟：《一份精准脱贫的"国土答卷"》，《中国国土资源报》2016 年 7 月 11 日，第 3 版。

② 刘新卫：《基于土地整治平台促进连片特困地区脱贫攻坚：以乌蒙山连片特困地区为例》，《中国国土资源经济》2017 年第 5 期。

与邛崃山之间。大渡河自北向南纵贯全境，切割高山，立体地貌显著，境内峰峦叠嶂、峡谷幽深。全县地域辽阔，人口稀少。[1] 每个行政村的平均人数只有 283 人，远远不到其他平原地带行政村的人数，也不到甘孜州全州行政村的平均人数 338 人。[2] 根据我们所调查村所在半扇门乡政府的数据，整个半扇门乡 19 个行政村，1300 户 5157 人，平均每个村 68 户 271 人，和丹巴整体水平相近。

我们选择的样本村腊月山三村只有 47 户 192 人，而调查户数要求至少 60 户，这样一个行政村的户数和人数太少了。腊月山一村、腊月山二村、腊月山三村基本上都坐落在一座大山上，从河谷到山顶，依序排开。根据《丹巴县志》的记载，1980 年，这三个村曾经是一个村，后来才被划分开来。经过请示总课题组，我们的调查囊括了这三个村，一共 160 户 601 人，其中贫困户 43 户。最后，我们在三个村中抽取并调查了 78 户，其中贫困户 36 户。剩下的 7 户贫困户或者因为当时不在村里，或者因为当时在高山牧场，徒步要一天以上才能够到达。村问卷也是一个村完成了一份，总共形成了三份村问卷。同时，对其中 5 位村民，包括三个村的村支书进行了深访。

四川省国土资源厅的干部有几位在半扇门乡挂职锻炼，其中一位兼任腊月山三村的第一书记，一位兼任腊月山一村的第一书记。通过和这些挂职干部交谈，了解了更

---

[1] 四川省丹巴县志编纂委员会：《丹巴县志》，民族出版社，1996，第 49 页。

[2] 四川省甘孜藏族自治州统计局：《甘孜统计年鉴 2017》，http://www.gzztjj.gov.cn/12399/12400/12473/2017/10/30/10602819.shtml。

多的情况，同时也在他们的帮助下搜集了很多相关的资料，包括三个村的户籍资料、退耕还林资料、地力补贴资料、建档立卡贫困户明白卡等资料。

第二次调研除了和第一次一样考察当地乡村半年来的变化，补充第一次调研问卷，对相关的乡村干部进行更加细致的访谈外，还访谈了四川省扶贫移民局和丹巴县扶贫移民局，收集了有关全省和全县的扶贫规划和具体政策的实施资料。

第二章

社区的背景

本部分将集中讨论我们调查点所在的四川省和丹巴县的基本情况，以及作为行政上级部门的扶贫和脱贫政策及政策实施情况。这些上级政府的相关政策、相关项目和资金投入，直接影响着我们调查的腊月山村是什么时候脱贫的，是如何脱贫的，以及脱贫的成效如何。作为贫困村，腊月山村的脱贫资源在很大程度上来自于上级政府。而腊月山村是否能够"摘帽"、村中的建档立卡贫困户是否能够脱贫，都是在上级政府监督下，甚至直接派驻第三方机构的评估后，才可能得以实现的。

第一节 四川省的扶贫和脱贫状况

一 四川省扶贫与脱贫的整体状况

根据《四川省"十三五"脱贫攻坚规划》所述，"十二五"期间，四川省结合本省贫困实际，加大扶贫投入，创新扶贫方式，出台系列重大政策措施。在现行标准下，四川省农村贫困人口累计减少近1000万人，贫困发生率下降了14个百分点，贫困地区农民人均纯收入年均增长13.7%。贫困群众生活水平大幅提高，生产生活条件显著改善，上学难、就医难、行路难、饮水不安全等问题逐步缓解，生态建设有力推进，基本公共服务能力显著提升，片区攻坚取得明显突破。

但是到了"十三五"时期，四川省的扶贫任务依然非常艰巨。从贫困现状来看，到2015年底，全省还有农村贫困人口380.3万人，占全国的7.1%；贫困村11501个，占全国的9%；国家扶贫工作重点县36个，占全国的6.1%；全国14个集中连片特困地区，四川省占3个。全省主要处于国家长江流域水源涵养地区和生态屏障区内的秦巴山区、乌蒙山区、高原藏区、大小凉山彝区（简称"四大片区"）有贫困县88个，贫困村9045个，贫困人口达263.3万，占全省的69.2%，贫困发生率为9%。四川省现有的贫困人口，数量大、分布广、程度深，还有116万贫困人口生活在"一方水土养不起一方人"的地区。从贫困原因来看，主要有因病致贫（43.10%）、缺资金致贫（20.60%）、缺技术致贫（14.10%）、缺劳动力致贫（6.20%）、因残致贫（3.00%）。

全国扶贫开发信息系统监测显示，到2016年底，四川省农村贫困人口实现减贫107.8万人，超出计划数2.8万人，完成率为102.7%，脱贫幅度为28.4%（其中"四大片区"88个贫困县减贫67.5万人、片区外72个县减贫40.3万人）。2350个贫困村年度退出任务全面完成，5个贫困县年度退出任务全面完成。根据国家统计局四川调查总队监测数据，2016年前三季度，四川省贫困地区农村年人均可支配收入为6887元，同比增长13.3%，比全国农村贫困地区农民收入增速高2.9个百分点。扶贫资金聚焦于脱贫"摘帽"。2016年，四川省17个扶贫专项投入各类资金1181亿元，其中财政资金657亿元；投入中央和省级财政专项扶贫资金71.62亿元；省级财政还安排32亿元地方政府债券支持扶贫攻坚。

根据四川省扶贫移民局的资料，2017年四川省实现减贫108.5万人，完成率达103%，实际退出贫困村3769个，完成率达102%，15个计划"摘帽"县贫困发生率均下降至2.7%。2017年，四川省22个扶贫专项全年投入各类资金1263.35亿元，其中财政资金748.87亿元。截至2017年底，四川省还有171万贫困人口、5295个贫困村、68个贫困县（其中45个深度贫困县情况较为特殊）。2018年四川省将围绕实现年人均纯收入3600元的年度脱贫标准，通过产业增收与就业脱贫互补、教育扶贫等扶贫措施，消除绝对贫困，解决区域性整体贫困。

四川省对完全或者部分丧失劳动力的 121.1 万贫困人口，重点加大低保统筹力度，全面完成"不落下一人"的目标。2016 年起，将全省农村低保标准低限由 2280 元 / 年提高到 2880 元 / 年，计划"摘帽"的贫困县低保标准提高到 3120 元 / 年。通过发放特殊生活津贴，使计划脱贫的 32.8 万低保对象收入达到 3100 元 / 年，率先实现"两线合一"。到 2017 年，四川省农村"三无"特困人员集中供养满足率达 65%，全面完成纳入低保范围的贫困人口兜底工作，实现全省"两线合一"。

深入推进定点扶贫，23 家中央国家部门，383 个省级定点扶贫部门，全省 1.6 万个定点扶贫单位，实现对 11501 个贫困村帮扶全覆盖。2016 年投资或引资 131.1 亿元，实施项目 8600 多个。加大定点扶贫协作力度，积极加强与帮扶省市对接，浙江省、广东省无偿援助财政资金 4.95 亿元，社会帮扶资金 955 万元。积极推进"万企帮万村"行动，2685 家商会、企业与 2675 个贫困村结对帮扶。2016 年，四川省社会扶贫共投入（募集）资金 159.3 亿元，实施项目 9200 个。

二 四川省的扶贫与脱贫政策

目前关于四川省扶贫与脱贫的政策性制度文件较多，包括《四川省内南规村扶贫开发纲要（2011—2020年）》《四川省农村扶贫开发条例》《中共四川省委关于集中力量打赢扶贫开发攻坚战 确保同步全面建成小康社会的决定》，并在此基础上拟定了《四川省"十三五"脱贫攻坚规划》《四川省贫困村精准脱贫工程规划（2016—2020年）》等。

（一）"四大片区"的脱贫攻坚

秦巴山区、乌蒙山区、高原藏区、大小凉山彝区四大连片特困地区，是四川省乃至全国脱贫攻坚的重点之一。为了加快"四大片区"脱贫进程，四川省着力实施"四大扶贫攻坚行动"，分布编制区域发展和脱贫攻坚计划。2016年，持续推进彝区"十项扶贫工程"，年度到位资金78.47亿元；深入实施藏区"六项民生工程计划"，年度到位资金64.1亿元。

1. "四大片区"的脱贫规划进程表

为了在"十三五"期间全力推动扶贫攻坚，四川省拟定了《四川省"十三五"脱贫攻坚规划》，目的是到2020年，稳定实现现行标准下建档立卡贫困人口不愁吃、不愁穿，义务教育、基本医疗和住房安全有保障（简称"两不愁、三保障"），贫困地区群众住上好房子，过上好日子，养成好习惯，形成好风气（简称"四个好"），基本公共服务主要领域指标接近全省平均水平。计划到2019年，380.3万贫困人口全部脱贫，11501个贫困村全部退出，88个贫困县全部"摘帽"。

四川省"十三五"脱贫攻坚的难点主要在于秦巴山区、乌蒙山区、高原藏区、大小凉山彝区四大片区的脱贫。这"四大片区"的贫困人口数量将近全省的70%，贫困发生率是最高的。由于地理条件等因素限制，其也是脱贫难度最大的。因此，四川省专门制定了针对"四大片区"的脱贫规划（见表2-1），包括具体进程和脱贫方式。

表2-1　四川省"十三五"时期"四大片区"脱贫规划进程

	内容	合计	2016年	2017年	2018年	2019年	2020年
秦巴山区	贫困人口（万人）	167.5	46.2	44.4	42.5	34.4	0
	贫困村（个）	4432	954	1479	1394	605	0
	贫困县（个）	34	5	8	18	3	0
乌蒙山区	贫困人口（万人）	36.3	9	9.7	11.8	5.8	0
	贫困村（个）	620	115	259	222	24	0
	贫困县（个）	9	0	2	6	1	0
高原藏区	贫困人口（万人）	23.9	5.3	8.3	6.6	3.7	0
	贫困村（个）	2063	343	621	610	489	0
	贫困县（个）	32	0	6	9	17	0
大小凉山彝区	贫困人口（万人）	35.6	8.8	12.3	11.1	3.4	0
	贫困村（个）	1930	432	528	572	398	0
	贫困县（个）	13	0	0	4	9	0

2. "四大片区"的主要脱贫方式

（1）发展特色优势产业扶贫

根据贫困地区的资源状况等实际情况，统筹谋划粮油、畜牧、经济作物等优势产业发展，形成"一村一品""一乡一业"的发展格局。高原藏区重点发展青稞、马铃薯、酿酒葡萄、特色水果、食用菌、核桃、汉藏药材、牦牛、藏羊、农产品初加工、休闲农业、民族文化旅游和户外体育旅游等产业。

（2）易地搬迁扶贫

易地搬迁的对象主要是居住在深山、石山、高寒、石漠化、地方病多发等生存环境差、不具备基本发展条件和生态环境脆弱、限制或禁止开发地区，难以享受基本公共服务的农村建档立卡贫困人口，优先安排位于地震活跃带和受泥石流、滑坡等地质灾害威胁的贫困人口。严格执行易地扶贫搬迁人均建房面积不得超过 25 平方米的标准，对藏区、彝区建房成本按照 80% 给予补助。

加强土地整治和迁出区生态修复。提升坡地旱田的集雨能力，减轻水土流失，提高产能，改造基本农田 33.44 万亩。提高水资源利用率，新增及改善灌溉面积 33.45 万亩。复垦宅基地 10.18 万亩，实现耕地占补平衡。地质灾害频发、生态环境脆弱的地区，搬迁群众迁出后收回的土地全部用于恢复生态。结合天然林保护、退耕还林及退牧还草等各项生态工程，修复迁出区生态 10.09 万亩。

着力培育和扶持搬迁贫困群众后续产业发展，支持安置区发展特色种养业、林下经济和设施农业，确保贫困户有稳定收入来源。积极培育新型农业经营主体，支持贫困户向新型职业农民转变。加强搬迁户劳务输出培训力度，提升就业能力，提供更多就业机会。支持安置地发展物业经济，探索资产收益新模式。

（3）教育扶贫

藏区"9+3"免费教育计划，主要针对甘孜藏族自治州、阿坝藏族羌族自治州和凉山州木里藏族自治县的学生。从 2009 年开始，每年组织 10000 名左右的初中毕业生和未升学的高中毕业生到内地免费接受 3 年的中等职业教育，同时支持藏区发展职业教育，办高、中职学校，使藏区中职学校每年招生规模发展到4000人。

对于到内地"9+3"学校就读的藏区学生，全部免除学费并提供生活补助和交通、住宿、书本、一次性冬装等杂费补助及学校工作经费补助，每生每年共7000多元，享受与学校驻地城镇居民同等的医疗保障。在藏区内就读中职学校的学生给予免除学费、补助生活费的资助。

"9+3"计划实施以来，先后有内地90所中职学校、5所高职学校参与，共招收藏区"9+3"学生4万余人，加上藏区内就读的共7万人。2009~2014年累计投入24.39亿元，其中中央财政10.41亿元，省级财政13.98亿元。

3. 藏区六项民生工程计划

藏区六项民生工程，指的是通过扶贫解困行动、就业社保促进、教育发展振兴、医疗卫生提升、文化发展繁荣、藏区新居建设六个实施方案（简称"1+6"方案）解决藏区民生问题。四川省政府办公厅印发各个年度的《藏区六项民生工程计划总体工作方案》，2015年投入52亿元，2016年投入60.9亿元，2017年投入66.69亿元。主要资金来源为中央、省级财政，基本建设项目地方配套资金均由省统筹解决，无须地方配套。2016年州县投入比例为2.2%，2017年下降到1.3%。

"1+6"方案紧密结合精准扶贫和精准脱贫，对接"五个一批"扶贫攻坚行动计划和四川省各个年度的扶贫专项实施方案。加大力度将政策向农牧民和贫困人口倾斜。《2016年藏区六项民生工程计划总体工作方案》的内容主要包括：①扶贫解困行动计划：支持建设现代家庭牧场30

个，畜牧暖棚11.4万平方米，易地扶贫搬迁安置建档立卡贫困农牧民1.38万人。②就业社保促进计划：城镇登记失业率控制在4.2%以内，为5.72万名困难家庭失能老人和80岁以上老人提供居家养老服务。③教育发展振兴计划：深入实施15年免费教育，为藏区约2万名乡村教师发放生活补助。④医疗卫生提升计划：适当提高藏区基本公共卫生服务经费标准，在国家规定基础上每人增加补助5元，包虫病病情调查计划筛查30万人，免费药物治疗患者1.4万人。⑤文化发展繁荣计划：力争每个乡镇文化演出3~5场，每个行政村（社区）不少于1场，推进《四川日报》、汉藏双语版《藏地通讯》等进寺庙工作。⑥藏区新居建设计划：完成20000户贫困危房户新居建设，力争建成526个幸福美丽新村，提高藏区城镇污水处理和生活垃圾无害化处理能力。

（二）贫困县、贫困村和贫困户的退出

贫困户、贫困村的退出和贫困县的"摘帽"主要依据第三方机构独立的评估结果。根据《四川省贫困县贫困村贫困户退出验收工作指导意见》，贫困户的识别，以户为单元，整户识别，实行规模控制。按照农户申请、村民代表大会民主评议、村委会审查公示、乡镇人民政府审核公示、县级人民政府审定公告的工作流程进行识别。干部家庭、商品房家庭、有车家庭不能够进入贫困户。

贫困人口的脱贫标准（一超过、两不愁、三保障、三有）：①"一超过"指年人均纯收入稳定超过国家贫困标准（在国家未公布当年扶贫标准前，可按照上一年扶贫标准递增6%为当年扶贫标准）。②"两不愁"指贫困户年人均纯收入稳定超过当年国家扶贫标准（2016年为3100元），不愁吃、不愁穿。③"三保障"指义务教育、基本医疗和住房安全有保障。家庭无因贫困而未读或辍学子女，减贫人口参加新型农村合作医疗参合率和县域内就诊的个人医疗费用支出控制在10%以内；住房安全达标认定以住房城乡建设部门认定为准。④"三有"指有安全饮用水、有生活用电、有广播电视。要求水质达标，依据省卫计部门提供当年农村饮用水的水质达标情况认定；要广播村村响，电视户户通。

贫困村的退出标准（一低五有）：①"一低"指当年贫困发生率低于3%。②"五有"指有合理、稳定和持续的集体经济收入（行政村当年集体经济收入人均6元以上，民族地区人均3元以上）、有通村硬化路［乡（镇）政府所在地或上级路网至建制村村委会驻地或村小学］、有卫生室、有文化室（村综合文化服务中心）、有通信网络（行政村内至少有一处有互联网覆盖）。

贫困县的"摘帽"标准（一低）：指贫困县"摘帽"当年贫困发生率低于3%。在此基础上，乡乡有标准中心校，有达标卫生院，有便民服务中心。

（三）制度创新：四项基金

针对贫困县、贫困村、贫困户精准脱贫的现实需求，2016年底四川省做出了一项重大制度创新，创建了县级教育扶贫救助资金、医疗扶贫救助资金、扶贫小额信贷分险基金和贫困村产业扶持基金共"四项基金",规模分别为3.9亿元、3.4亿元、22.86亿元和26.8亿元。其中,教育和卫生扶贫基金每个县不少于300万元（实际上按照500万元筹集）,贫困村产业扶持基金每个村不少于30万元。产业扶贫基金的前身是产业周转金,教育和医疗扶贫救助针对的是以前义务教育、基本医疗救助这块,扶贫小额信贷分险基金是分担贫困户的贷款风险。由于"四项基金"到本次调研时实施不到两年,效果和相关的监管等都尚未呈现。

但是根据我们在四川省移民扶贫局的调研,"四项基金"实施的难点已经表现出来,主要有三个大问题:一是推进不平衡,有些县做得好,有些县可能在理解实施上还有点问题;二是在基金使用上存在个别县级政策配套需要进一步完善的情况;三是在资金监管上还需要进一步加大力度。四川省在探索第三方全权管理,不只是监管,因为基金管理比较复杂,而四川省扶贫移民局懂财务的人较少,但请专业公司可能性小些,毕竟价格贵,节约的资金能够更多地用在贫困户身上。同时有些少数民族县在对政策的理解上存在一些问题,下一步财政厅要牵头做培训。

"四项基金"是为了脱贫攻坚而设置的,但是到2020年,实现全部脱贫之后,四川省移民扶贫局认为其可能依然存在,因为那个时候国家可能会出台新的贫困标准,还会有新的贫困人口。"四项基金"可能需要根据当时的情况来调整。产业扶持基金和小额信贷取消的概率很小，特别是产业基金，因为它确实是在帮助老百姓发展产业，主要用于支持贫困户发展产业，有多余的资金就来支持村发展经济，所以只要有贫困人口在，这个基金应该就不会取消，但是教育和医疗扶贫救助资金就不确定了。产业周转金和产业扶持资金是一个性质，但是来源不一样，周转金是财政资金，相对封闭；产业扶持资金是开放的，有八个来源，这样才能更好地支持贫困户发展。

三　四川省的土地整理和扶贫

2015 年，四川省下发了《关于做好 2016—2020 年定点扶贫工作的通知》，要求省直各部门（单位）、部分中央驻川单位、省内大中型骨干企业、高等学校及部分经济较发达市和县（市、区）共 249 个单位参加"四大片区"88 个贫困县定点扶贫工作。四川省国土资源厅作为其中定点扶贫单位之一，且作为对土地资源、矿产资源等自然资源进行规划、管理的部门，应充分利用本单位的优势，以土地统征整理事务中心、地质环境监测总站、国土勘测规划研究院为龙头，以土地整理和地质灾害预防为主的工程项目为主要帮扶措施，整合扶贫资源和扶贫力量。

土地整理是四川省 2016 年 17 个扶贫专项之一。2015年底，四川省国土资源厅印发了《四川省农村土地整治专项扶贫 2016 年工作计划》，提出国土资源厅要依托农村土地综合整治平台，积极争取中央及省财政资金，在 38 个贫困县 287 个村大力推进 66 个省投资农村土地整治项目。总投资概算 10.46 亿元，建设规模 73.66 万亩，新增耕地 6.94 万亩。

2017 年，农村土地整治又成为四川省 22 个扶贫专项之一。2017 年，四川省农村土地整治扶贫专项项目共 70 个，建设规模 77.29 万亩，新增耕地 6.93 万亩，其中水田 3.015 万亩、旱地 3.915 万亩，平均耕地质量提升一个等级，直接受益人口达 40 万人。70 个项目分布在"四大片区"广元、巴中、达州、泸州、南充、宜宾、绵阳、甘孜、凉山 9 个市（州）30 个贫困县 264 个村，其中贫困村 87 个。在四川省 2017 年度脱贫攻坚"1+3"考核中，[①]"四川省农村土地整治扶贫专项"和"教育扶贫专项"等 7 个扶贫专项被评为"优秀扶贫专项"。

2018 年上半年，四川省国土资源厅抓紧实施 75 个农村土地整治扶贫专项项目，已开工 72 个，完工 25 个，总体进度达到 70%。配合两部完成乌蒙山连片区域土地整治重大扶贫项目 2018~2019 年建设方案评审工作，建设规模 48.9 万亩，预计可新增耕地 3.52 万亩。四川省实施的这些农村土地整治项目有力地推进了四川省扶贫攻坚工作，切实改善了贫困地区的农村生产生活条件，增加了贫困地区农民收入。

---

① "1+3"考核体系，"1"是指对党委政府脱贫攻坚工作成效的考核，"3"指的是对省直部门（单位）定点扶贫工作、扶贫专项年度工作、省内对口帮扶藏区彝区贫困县工作的考核。

第二节　丹巴县扶贫与脱贫状况

一　丹巴县的整体状况

1. 丹巴县的地理

丹巴县，意为下部农区的群岩之首，地处青藏高原东南边缘、成都平原以西的邛崃山脉西坡，位于四川省西部、甘孜藏族自治州东部，地处大、小金川（河）下游、大渡河上游。丹巴县是连接甘孜和阿坝的交通枢纽，东出成都，西通滇、藏，与阿坝藏族羌族自治州的小金县、金川县，本州的康定县、道孚县相邻。丹巴县东西最宽86.9公里，南北最长105.7公里，全县土地面积5469平方公里，地域辽阔，人口稀少。[1] 丹巴县城位于大渡河畔的章谷镇，海拔1860米，距州府康定137公里，距成都368公里。

丹巴县境地貌属岷山、邛崃山脉之高山峡谷区，在大雪山脉与邛崃山之间。大渡河自北向南纵贯全境，切割高山，立体地貌显著，境内峰峦叠嶂、峡谷幽深。西南方向的海子山为全县最高点，海拔5820米，东南方向的大渡河为全县最低点，海拔1700米，高低悬殊。丹巴县境地貌分为三大类型：中山峡谷区，起伏于海拔1700~2600米，即河坝、半山地区，以县城为中心，分布于五条主要河流的两岸；亚高山地区，位于中山峡谷

---

[1]　四川省丹巴县志编纂委员会：《丹巴县志》，民族出版社，1996，第49页。

之上，起伏于海拔 2600~3800 米，界于中、高山之间，即半高山、高山地区；高山地区，位于亚高山之上的广大山地，起伏于海拔 3800~5521 米，即习称的草地、高山地区。由于山脉受大地构造带的控制，多为南北走向，地势西高东低，北高南低，西南高，东南低。地下矿藏丰富，地上资源众多。[1]

丹巴县水系发达，五条河流呈网状分布，水流湍急，落差较大。山脉的走向，挟持河流走向。大金川源出青海巴颜喀拉山南麓，由北而南，先后纳入西部的革什扎河、东谷河，在县城折而东流，又纳入由东北南下的小金川后，始称大渡河，其水向东南流入康定县境。小金川位于县境东北部，由太平桥乡一支碉沟口流入县境，斜穿太平桥乡、半扇门乡、岳扎乡、中路乡，在章古镇东北小丹公路一公里处的三岔河和大金川汇流。丹巴县水力资源丰富，但也导致其经常面临水灾洪涝的隐患。

2. 丹巴县的自然条件

丹巴县地处川滇农牧交错带，即集约农业地带向游牧区过渡地带，既有农业村也有牧业村，农牧业并存发展，农业与牧业或犬牙交错，或插花式分布。[2] 这个地带农业生产的限制条件，主要是水利条件差、土瘦瘠薄、人均耕地少。丹巴县由于特殊的地理位置，发展生产与生态环境之间的矛盾十分突出，常常陷入"环境恶劣—耕地少、产

---

[1] 四川省丹巴县志编纂委员会：《丹巴县志》，民族出版社，1996，第 85 页。
[2] 吴贵蜀：《农牧交错带的研究现状及进展》，《四川师范大学学报》（自然科学版）2003 年第 26 卷第 1 期。

出低—毁林开荒—环境更加恶劣"的恶性循环中。[1]

2016年，丹巴县实有耕地7701公顷（115515亩），草地75200公顷（1128000亩），林地274300公顷（4114500亩）。[2]耕地地块分散、面积小、坡度大、石头多、土层薄，高产、稳产农田很少（见图2-1）。1982年经过大规模农田基本建设和土壤改良之后，将丹巴县耕地划为三个带区。[3]

图2-1 坡度超过60°的耕地（俯拍）

说明：本书图片，除特殊标注外，均为作者拍摄，拍摄时间为2017年4月或2017年9月。

①干热河谷两熟区。耕地分布在海拔2200米以下，土壤为潮土、褐土，质地沙壤，有水浇地，一年小麦玉米

① 陈洋、王益谦：《藏族地区贫困县发展模式的探索——四川丹巴的实证研究》，《西部发展评论》2005年第4期。

② 四川省甘孜藏族自治州统计局：《甘孜统计年鉴2017》，2018，http://www.gzztjj.gov.cn/12399/12400/12473/2017/10/30/10602819.shtml。

③ 四川省丹巴县志编纂委员会：《丹巴县志》，民族出版社，1996，第194页。

两熟，亩产达到 1000~1500 斤，是县内稳定高产农业区，但是面积小，占全县耕地面积的 22.4%。

②二年三熟区。耕地分布在海拔 2200~2600 米。土壤主要为山地褐色土，坡度大，水土流失严重，冬小麦收割后播种甜荞，但产量甚低。第二年种青稞或早熟小麦后再种迟玉米，亩产 500~1000 斤。面积较大，占全县耕地的 37.5%。

③一年一熟区。分布在海拔 2600~3600 米。土层较薄，土壤主要为山地褐色土，坡度较大，水土流失严重，极少量低处地块可种一季玉米，其余只能够种春小麦、青稞、胡豆、豌豆或种一季冬小麦，亩产 200~300 斤。容易遭受霜雪、低温、冰雹等自然灾害，面积较大，占全县耕地面积的 40.1%。

丹巴县农区、河谷和中山地带的草场，占全县总草地面积的 23.55%，高山地带的草场占 76.45%。一共有六大牧场：丹东乡莫斯卡牛场、边耳乡边耳牛场、东谷乡牦牛牛场、巴底乡沈足牛场、半扇门乡火龙沟牛场、太平桥乡牛场。除了莫斯卡牛场地形平缓之外，其余五个牧场都是高山草场。草地平均每亩可利用鲜草 212 公斤。丹巴草地合理载畜量为 265844 个羊单位，平均每个羊单位需草场 8.59 亩。草场边界纠纷一直没有得到妥善解决。[①]

丹巴县所处纬度本应属于北亚热带气候，但由于高山峡谷影响了纬度气候的演变顺序，只在海拔较低的河谷地带保持着北亚热带气候特征，总的情况则是垂直气候代替

① 四川省丹巴县志编纂委员会：《丹巴县志》，民族出版社，1996，第 194~196、231 页。

了纬度气候，具有"十里不同天""一山四季天""山下开梨花、山腰开桃花、山上落雪花"的特点。丹巴县的气候，既受青藏高原气候的影响，又受东南、西南季风的影响，从而产生既有别于高原又不同于盆地的独特的青藏高原型季风气候。

丹巴县内自然灾害频繁，主要是冬干、春旱、夏伏旱、洪涝、冰雹、大风、霜冻，对农牧业产生不同程度的影响。丹巴县地处高山峡谷地带，地质结构复杂，地质灾害点多面广，灾害隐患点达686个，素来就有"地质灾害博物馆"之称，"因灾致贫"是丹巴县贫困发生的重要原因。1980年，半扇门公社腊月山大队，就因为罕见的大暴雨，引发大滑坡、泥石流，几乎堵塞了小金川的河面，冲毁41家农户的房屋和公房24间、畜圈52间，死亡3人、牲畜545头，受灾耕地4644亩，损失产量62万斤。[1]2017年6月15日，丹巴遭遇60年一遇的洪水，15个乡镇92个村31474人不同程度受灾，农业、交通、水利、电力、通信等基础设施受到严重损毁（见图2-2、图2-3）。农作物累计受灾面积达6500亩，冲毁生猪养殖基地2处、家禽养殖基地1处、冷链保鲜库1幢、羊肚菌基地1处、太阳能提灌站2处，估计经济损失达到6.8亿元。

3. 丹巴县的自然资源

在自然条件恶劣、生态环境脆弱的背后，丹巴县有着丰富的自然资源，诸如水能资源、矿产资源、林木资源、

---

① 四川省丹巴县志编纂委员会：《丹巴县志》，民族出版社，1996，第114~115页。

图2-2　暴雨导致山体滑坡淹没路面

图2-3　暴雨导致路面塌方

旅游资源等。丹巴县五条河流呈网状分布，水流湍急，落差较大，水力资源十分丰富，电力理论蕴藏量达370万千瓦。①

①　四川省丹巴县志编纂委员会：《丹巴县志》，民族出版社，1996，第87~88页。

丹巴县由于地质构造复杂，岩浆活动频繁，为地质成矿提供了得天独厚的条件，形成了丰富的矿产资源。[①]

丹巴县森林资源丰富（见图2-4）。根据1987~1988年的调查，全县林地占土地总面积的50.63%。丹巴县的森林资源主要分布在海拔2600~4300米地带，系原始森林。经济林木大多分布在河谷和半山一带，用材木大多分布在半高山和高山一带。活林木的总蓄积量为2826.71万立方米。因此，丹巴县的财政被称为"木头财政"。天然林停止采伐，对丹巴县的经济发展造成了重要的影响。[②]

图2-4　丰富的森林资源

①　四川省丹巴县志编纂委员会：《丹巴县志》，民族出版社，1996，第268~272页。
②　王益谦、陈洋：《藏区资源富集的贫困县发展战略探索——四川丹巴县的实证研究》，《西部发展评论》2005年第5卷第3期。

由于丹巴县独特的高山峡谷地貌，气候带垂直分布，从北亚热带、暖温带到高山寒带的六个气候带区，分布着适宜于各气候带生长的中草药 277 种以上，名贵的植物药材包括虫草、贝母、天麻、羌活等，动物药物有豹骨、水獭、旱獭、鹿茸、麝香、熊掌等，矿物药物有云母、石膏、芒硝等。[①] 但是这些资源优势一直都得不到开发利用，因此有的研究者称丹巴县为"富饶的贫困"。[②]

4. 丹巴县的交通

丹巴县境内有丹靖、丹泰、丹金、丹懋、丹康五条古道。

如图 2-5 所示，2016 年丹巴县总的公路里程为 1715.62 公里，其中二级公路 0 公里，三级公路 145.84 公

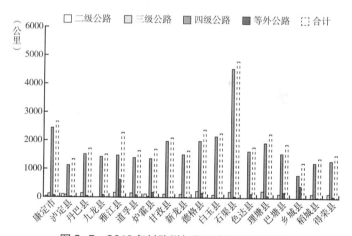

图 2-5　2016 年甘孜州各县公路总里程和等级

资料来源：《甘孜统计年鉴 2017》，第 270 页。

---

① 四川省丹巴县志编纂委员会：《丹巴县志》，民族出版社，1996，第 4~5、105~110 页。

② 王益谦、陈洋：《藏区资源富集的贫困县发展战略探索——四川丹巴县的实证研究》，《西部发展评论》2005 年第 5 卷第 3 期。

里，四级公路 1522.05 公里，等外公路 47.74 公里。主要线路中东有与阿坝州小金县相通的小丹公路（国道川藏公路 317 线迂回线段，56.6 公里），东南有与康定市瓦斯沟相连的瓦丹公路（112 公里），西面有至道孚县八美区连接国道川藏公路 317 线的八丹公路（83.15 公里），北面有和阿坝州金川县相连的刷丹公路（35 公里）。四条公路干线均可通往成都。丹巴县境内的河道运输主要是为了流送木材，主要利用大小金川，全程 190.50 公里，从 1957 年开始，最多年份 1960 年流送木材达 150.74 万立方米。①

5. 丹巴县的人口和家庭

如图 2-6 所示，从历年人口变动来看，丹巴县的户籍人口变动不大。但是 2011 年之后，常住人口变动比较大。2016 年，丹巴县全县辖 13 乡 2 镇，共计 181 个行政村，常住人口 7.06 万人，农业人口 5.06 万人，占全部人口的 71.67%。农村沿

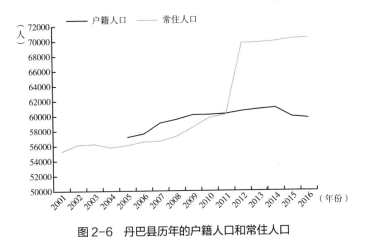

图 2-6 丹巴县历年的户籍人口和常住人口

资料来源：《甘孜统计年鉴》（2009~2017 年），甘孜州统计局。

---

① 四川省丹巴县志编纂委员会：《丹巴县志》，民族出版社，1996，第286~297页。

河农区人口分布多，高山牧、林区人口分布稀少。

　　丹巴县是以藏族为主的民族杂居地区（见图2-7）。丹巴县世居民族以藏族为主，其次是汉族、羌族、回族。解放后因工作迁入少数蒙古族、满族、苗族、彝族等。丹巴藏族由于所处地域和所操方言的差别，分为四个不同方言区：巴底乡、太平桥乡、半扇门乡、章谷镇（嘉绒语，农区，26.93%），巴旺、革什扎等7个乡镇（尔龚语，农区，33.42%），格宗乡、梭坡乡、中路乡等8个乡镇（康巴语，农区，37%），牛场（安多语，游牧，2.65%）。藏族多聚居于半山、半高山及高山草地牧场，大多信奉原始宗教（苯教）或藏传佛教。[1]

图2-7　农村女性劳作时着藏装

　　丹巴县的藏族家庭多以小农经济为基础，作为一个独立单位，每户平均4~5人，一般由长子或者长女在家继承

---

[1]　四川省丹巴县志编纂委员会：《丹巴县志》，民族出版社，1996，第72、118~119、172~173页。

原有的土地和房产，也有父母选定的。儿女众多的家庭，原则上只留一人在家，其余的或分家另住，或去寺庙当扎巴，或去别的家上门，或者想办法另安新家。一个家庭如果没有儿子，女儿可以继承家业，招男子上门顶户；如果女子有几姐妹，也只能留一人在家，其他人必须出嫁。出嫁的女儿在本家没有继承权，但是娘家在出嫁时要给相当财产的嫁妆。无子女的可抱养亲属的子女，养子女有继承权，继母的子女除年龄较小的都随前夫家庭生活。[①]

6. 藏居和村寨

丹巴县的藏族和羌族村寨（见图 2-8），多分散建于半山和半高山，一般修建于向阳的坡梁上较平坦之处。村寨房屋多为木石结构，片石，房盖有瓦板、石板、泥土等。传统的藏居由片石泥浆砌筑，高二丈余，中分三四层，宽窄不一，

图 2-8 传统的藏居

① 四川省丹巴县志编纂委员会：《丹巴县志》，民族出版社，1996，第 158~159 页。

内无梁柱，仅用木椽加木板再在木板上铺以小枋条，然后盖以泥土，房顶平面稍斜，将土捶平使水不能渗漏。房屋一般都修筑五层或更高，随房主的家庭经济状况和社会地位而定。二层以上按一定规格留有敞房、小房间或吊脚楼。[①]

底层一般矮小、阴暗潮湿，用作圈养家禽家畜。二层为锅庄、厨房、储藏室，门低窗小，避风保暖，不便采光与流通空气，影响视力和卫生。三层和三层以上设经堂、住室和客房及其他用房，是食宿、待客、休息的场所。最顶上一层或为两面墙体的小敞房，作晒场和曝晒粮食及其他食物之用；或为四面墙，一方开小门的小经堂，房顶倚上方一面及两侧按石碉顶端的砌法，筑有高尺许的矮墙和"秋烟烟"用的塔形小石窖。

现在，部分藏居逐步改建成新式楼层瓦房或钢筋混凝土结构楼房，室外粉刷装饰，室内宽敞，光线充足，油漆地板，望板彩绘。

7. 丹巴县的宗教

丹巴县的主要宗教为苯教，俗称黑教，或称苯波教，属藏区最古老的原始宗教，崇尚自然神、神山、神树、神水，信仰至今十分浓厚，特别崇敬境内墨尔多山（见图2-9）。县境苯教有笃苯、伽苯、觉苯，前两种被称为黑苯，后者为白苯。由于藏地本部在公元8世纪初推行"灭苯兴佛"政策，不少苯教高僧东迁来到以墨尔多山为中心的嘉绒地区。最后，佛、苯教义相互融合而成为藏传佛教

---

① 四川省丹巴县志编纂委员会：《丹巴县志》，民族出版社，1996，第165~166页。

图 2-9　墨尔多山

中势力最盛的教派。此后，嘉绒地区的大小金川流域曾被当作苯教的发祥地"下象雄"而名扬藏区。苯教寺院、僧众遍布各地。

由于信奉藏传佛教之故，转经祈福消灾便成为境内藏族群众的一项世代传袭活动。善男信女只要稍有空闲便手持念珠口诵六字真言，以显示其信仰的虔诚。在信众必经的道旁修"科鲁"，让信众以手推转，或在溪沟边将水磨房改置经轮为"科鲁"自转。在高岗和危峰峭壁遍插"嘛呢旗"，经风吹动代人口诵经卷，每遇大道相距不远便垒"嘛呢堆"或修"雀儿登"（佛塔）一座，信众经过必围绕一周方可前行。每年春末秋初农闲时间，不少人举家而出，由丹巴、金川、小金绕墨尔多山周遭而还。[1]

8.丹巴县的整体经济状况

如图 2-10 所示，即使在整个甘孜州，丹巴县的 GDP

[1]　四川省丹巴县志编纂委员会：《丹巴县志》，民族出版社，1996，第134~137页。

也一直居第四位，远远低于居第一位的康定市。2016 年，丹巴县全县 GDP 为 14.7 亿元，社会消费品零售总额达到 4.998 亿元（见图 2-11）。地方公共财政预算收入达到 0.9 亿元。

如图 2-12 所示，从产业结构来看，丹巴县的第一产业和第二产业曾经占据主导地位，两者的比重不相上下。1978 年，丹巴县第一产业、第二产业和第三产业的

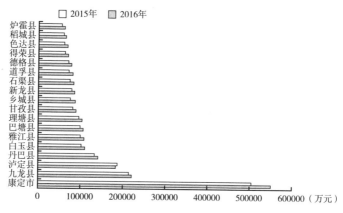

图 2-10　甘孜州 2015 年和 2016 年 GDP

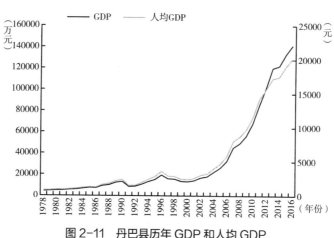

图 2-11　丹巴县历年 GDP 和人均 GDP

比为 37.2：46.2：16.6。但随着第三产业的发展，特别是 2000 年之后旅游业的快速发展，第三产业的比重越来越大。2005 年，丹巴县第一产业、第二产业和第三产业的比为 18.9：30.3：50.8，第三产业已经完全占据了主导位置。

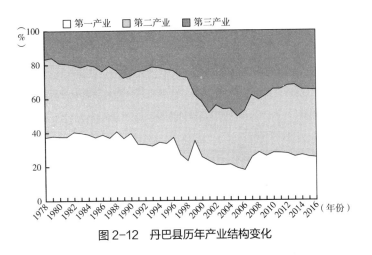

图 2-12　丹巴县历年产业结构变化

（1）丹巴县的农业

丹巴县的农区，粮食作物以玉米、小麦、青稞、土豆、豆类五大类为主（见图 2-13），其次是荞麦、大麦、燕麦、黑麦、高粱、水稻等。玉米分布于海拔 2900 米以下地区，分为春播和夏播。1988 年曾经占粮食总播种幅的 46.13%[1]，但是 2013 年之后播种面积大幅下滑，全县玉米播种面积只剩下 6450 亩。[2] 小麦、青稞等农作物分为冬播和春播，分布在海拔 2600~3600 米地区，1988 年占粮食播

①　四川省丹巴县志编纂委员会：《丹巴县志》，民族出版社，1996，第 195 页。
②　四川省甘孜藏族自治州统计局：《甘孜统计年鉴 2017》，2018，第 175 页，http://www.gzztjj.gov.cn/12399/12400/12473/2017/10/30/10602819.shtml。

图2-13 主要粮食作物：玉米

种面积的19.42%，[①]2016年这个比例已经增加到43.57%。[②]水稻是冷水稻，1982年之后就停止种植了。

丹巴县的经济作物有花椒、核桃、苹果、油菜、大麻、胡麻、兰花烟、药材等种类，种植分散，面积小、产量低。丹巴县从20世纪50年代开始引进苹果种植，80年代发展较快，成为省优质苹果生产基地县。丹巴县的核桃最为普遍，海拔1800~2800米都有分布，海拔2300米地带最多，一种是薄核桃，一种是铁核桃。花椒除丹东乡之外都有分布，品质优良的花椒集中在海拔2100~2400米一带，一种是大红袍，一种是黎椒，品质最好。[③]从解放初开始，油菜和玉米套种，主要在一年一熟的土地内，海拔为3500米以下，除丹东乡之外其他乡镇都有种植。油菜

① 四川省丹巴县志编纂委员会：《丹巴县志》，民族出版社，1996，第195页。
② 四川省甘孜藏族自治州统计局：《甘孜统计年鉴2017》，2018，第175页，http://www.gzztjj.gov.cn/12399/12400/12473/2017/10/30/10602819.shtml。
③ 四川省丹巴县志编纂委员会：《丹巴县志》，民族出版社，1996，第240~241页。

籽，现在也是丹巴县重要的经济作物。药材主要种植在海拔 2800 米以下的地区，主要有当归、川芎和党参等。蔬菜主要在海拔 1700~2200 米的河谷地区种植，产量少，主要供农民自己食用，现在开始试行蔬菜大棚。

丹巴畜牧以饲养牦（犏）牛（见图 2-14）、黄牛（见图 2-15）、猪、羊为主。牦牛主要分布在境内海拔 3800 米以上的草场和高山林间草地。牦牛主要为黑色，犏牛是公黄牛和母牦牛的杂交一代，其体型和生产性能均优于亲本，阉犏牛的耐热性和役用性都比阉牦牛强。牧区的犏牛阉割后，用于驮运和食用，而母牛用于繁殖和取奶。农区役用阉犏牛是农区主要耕畜。农区和半农半牧区还饲养了黄牛，母牛主要用于繁殖和挤奶。[1] 2016 年，丹巴全县牛数量为 51033 头，占全部牲畜总量的 31.65%。[2]

图 2-14 牦（犏）牛

① 四川省丹巴县志编纂委员会：《丹巴县志》，民族出版社，1996，第 219~222 页。
② 四川省甘孜藏族自治州统计局：《甘孜统计年鉴 2017》，2018，第 189 页，http://www.gzztjj.gov.cn/12399/12400/12473/2017/10/30/10602819.shtml。

图 2-15　黄牛

山羊属封闭式的山谷型藏系山羊，主要分布于河谷两岸的农区。2016 年，丹巴全县羊的数量为 58039 头，占全部牲畜总量的 36.00%。

猪主要分布在农区，牧区亦有少量饲养。生猪多是本地猪和杂交猪，牧区有少量藏系猪。2016 年，丹巴全县猪的数量为 48832 头，占全部牲畜总量的 30.29%。[①]

（2）丹巴县的工业

丹巴县的工业（见表 2-2）主要是矿业。在 20 世纪 90 年代末期，矿产业还是丹巴县的主要经济产业之一，是丹巴县财政的主要来源。[②] 但是从这些年丹巴县主要工业产品的产量来看，矿产业已经不是丹巴县的支柱产业。

①　四川省甘孜藏族自治州统计局：《甘孜统计年鉴 2017》，2018，第 189 页，http://www.gzztjj.gov.cn/12399/12400/12473/2017/10/30/10602819.shtml。
②　王益谦、陈洋：《藏区资源富集的贫困县发展战略探索——四川丹巴县的实证研究》，《西部发展评论》2005 年第 5 卷第 3 期。

表 2-2　丹巴县历年主要工业产品

年份	发电量（万千瓦时）	自来水（万立方米）	砖（万块）	瓦（万片）	黄金（千克）	各类白酒（吨）
2008	3581	163	2800	—	—	—
2009	9700	250	2900	—	328	—
2010	8149	264	3320	—	354	30
2011	8354	271	3430	—	—	65
2012	9661	280	3466	970	—	63
2013	17720	301	1242	724	—	—
2014	100246	334	1147	548	—	67
2015	214142	311	926	327	346	29
2016	187031	271	627	86	352	24
2017	596800		648	83	361	25

资料来源:《甘孜统计年鉴》(2009~2017 年),甘孜州统计局。

（3）丹巴县的旅游业

由于甘孜州地处长江上游生态屏障的核心地带,特定的地理环境和气候条件造就了其得天独厚、极具特色的旅游资源。因此,从"十二五"到"十三五"期间,甘孜州致力于优先发展旅游业,尝试围绕打造世界旅游目的地和全域旅游试验区目标,将旅游业培育成甘孜州最具优势和带动作用的富民支柱产业。旅游业已经成为甘孜州经济发展的支柱产业。[1]

丹巴县地处四川重点打造的川西生态旅游线的中心位置,属于东女国国家级旅游度假区的重要组成部分,是甘孜州旅游发展的重点区域。聂呷乡、中路乡、梭坡乡、巴底乡、岳扎乡等乡村表现为乡村田园风光与嘉绒藏寨的组合,东谷乡、边耳乡表现为自然风光、田园风光与藏寨的组合,丹东乡表现为自然景观(雪山、森林、草原等)与

---

[1] 四川省甘孜藏族自治州统计局:《甘孜统计年鉴 2017》,1998,第 365~373 页,
http://www.gzztjj.gov.cn/12399/12400/12473/2017/10/30/10602819.shtml。

牧场民居的组合。[①] 旅游逐步成为丹巴县社会经济发展的重要支柱，成为全县税收和财政的重要来源。从近些年的发展来看，2014 年，丹巴县编制完成《党岭旅游区总体规划》《墨尔多山、牦牛谷等"四大景区"概规》和甲居景区旅游配套设施设计，启动党岭景区规划调整和道路测绘设计；投资 1910 万元实施 2 个红色遗址和游客中心建设。完成 49 处旅游标示标牌和服务点建设。丹巴县还被国际文化旅游促进会等 4 家机构评为"中国最美乡村旅游目的地"。全年共接待游客 56 万人次，实现旅游综合收入 3.6 亿元。[②]

2015 年，丹巴县加大政府投入，集中力量开展甲居"国家生态文化景观"创 4A 景区建设。成功举办了"2015 中国四川丹巴嘉绒藏族风情节"和甲居藏寨实景演出，大幅提升了旅游接待能力。接待游客达到 68.1 万人次，旅游综合收入达到 4.2 亿元。[③]2016 年，甲居藏寨成功创建 4A 景区，中路景区 22 个项目已进入申报阶段。全年接待游客 87.85 万人次，比上年增长 29%，旅游综合收入 8.69 亿元，增长 106.9%。[④]2017 年，建成 5 个旅游公共服务设施，打造和泽周村旅游基础设施，完成 3 个特色乡镇、6 个精品村寨项目。全年接待游客 95.02 万人次，比上年增

---

① 王兴贵:《四川藏区乡村旅游全域开发模式与路径分析——以丹巴县为例》，《湖北农业科学》2016 年第 55 卷第 12 期。

② 丹巴县政府:《丹巴县 2014 年国民经济和社会发展统计公报》，2015，http://danba.gzz.gov.cn/。

③ 丹巴县政府:《丹巴县 2015 年国民经济和社会发展统计公报》，2016，http://danba.gzz.gov.cn/。

④ 丹巴县政府:《丹巴县 2016 年国民经济和社会发展统计公报》，2017，http://danba.gzz.gov.cn/。

长 8.2%，旅游综合收入 9.5 亿元，增长 9.3%。[①]

丹巴和自己相比，虽然旅游发展势头强劲，但是在整个甘孜州，丹巴所占份额依然较小。2017 年，甘孜全年接待游客 1300.32 万人次，实现旅游总收入 133.74 亿元，丹巴分别占 7.31% 和 7.1%。从全州各个县的旅游收入和游客人次来看，丹巴都仅仅处于第五位，远远低于康定，也低于海螺沟、稻城和泸定。[②]

9. 丹巴县的财政

丹巴县财政收入远低于财政支出，财政总支出历年都是财政总收入的 4 倍以上，这和甘孜州总体是一致的（见图 2-16）。2016 年，甘孜州实现地方一般公共预算收入 32.26 亿元，地方公共财政支出 300.14 亿元。[③] 丹巴县从

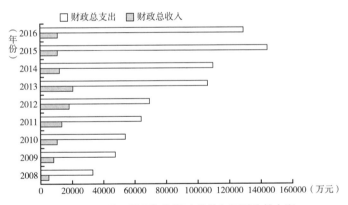

图 2-16　丹巴县历年的财政总收入和财政总支出

资料来源：《甘孜统计年鉴》（2009~2017 年），甘孜州统计局。

---

① 丹巴县政府：《丹巴县 2017 年国民经济和社会发展统计公报》，2018，http://danba.gzz.gov.cn/。

② 四川省甘孜藏族自治州统计局：《甘孜统计年鉴 2017》，2018，第 365~373 页，http://www.gzztjj.gov.cn/12399/12400/12473/2017/10/30/10602819.shtml。

③ 四川省甘孜藏族自治州统计局：《甘孜统计年鉴 2017》，2018，第 380~383 页，http://www.gzztjj.gov.cn/12399/12400/12473/2017/10/30/10602819.shtml。

历史上来看一直就保持这种状况。1955~1988 年 34 年间，县级财政收入共 3760.66 万元，年均收入 110.61 万元，有 16 年超年均收入，国家共补贴 4720.71 万元，年均补贴 138.8 万元。1955~1988 年，县级财政共支出 8079.61 万元，年均支出 237.64 万元。[①] 也就是说，国家年平均补贴超过丹巴县的年平均收入，丹巴县的年均支出是其年均收入的 2 倍以上。

2016 年，丹巴县的财政一般公共预算收入中，主要收入来源是增值税（27.40%）和营业税（23.91%），两者占丹巴县一般公共预算收入的一半。其他收入来源相对较少。丹巴县的一般公共预算支出中，比例最大的是农林水（25.14%），其次是教育（15.73%），其余皆不足 10%。[②]

10. 丹巴县居民收入和支出

如图 2-17 所示，近些年来，无论是城镇居民还是农牧民，丹巴县人均可支配收入都呈上升趋势，特别是在 2010 年之后。2016 年，丹巴县全体居民人均可支配收入为 15335 元，主要来源于工资收入（7528 元）和经营收入（5817 元）。如果分城乡来看，2016 年城镇居民人均可支配收入达到 27327 元，年均增长 9.02%。农牧民人均纯收入达到 10827 元，年均增长 21.1%。城镇居民人均可支配收入和农牧民人均可支配收入均略高于甘孜州的平均水平（分别为 27101 元和 9367 元）。[③]

---

① 四川省丹巴县县志编纂委员会：《丹巴县志》，民族出版社，1996，第 9 页。
② 四川省甘孜藏族自治州统计局：《甘孜统计年鉴 2017》，2018，第 380~383 页，http://www.gzztjj.gov.cn/12399/12400/12473/2017/10/30/10602819.shtml。
③ 四川省甘孜藏族自治州统计局：《甘孜统计年鉴 2017》，2018，第 439~447 页，http://www.gzztjj.gov.cn/12399/12400/12473/2017/10/30/10602819.shtml。

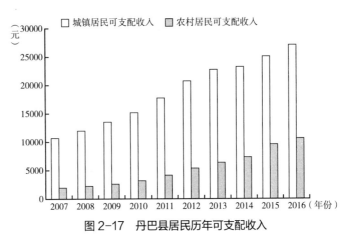

图 2-17　丹巴县居民历年可支配收入

资料来源:《甘孜统计年鉴》(2009~2017 年), 甘孜州统计局。

从支出来看, 丹巴县全体居民 2016 年人均支出为 13173 元, 其中消费支出为 10695 元, 两个值均略高于甘孜州的平均水平, 相较于 2015 年有较大幅度增长(增长率分别为 9.05% 和 8.42%)。如果分城乡来看, 城镇居民 2016 年的总支出为 24461 元, 其中消费支出为 19375 元, 相较 2015 年分别增长 6.46% 和 7.25%; 农牧民 2016 年的总支出为 8676 元, 其中消费支出为 7239 元, 相较 2015 年分别增长 12.10% 和 9.72%。农牧民 2016 年收入增长较快, 支出增长同步较快。

11. 丹巴县的教育

和内地县域相比较, 丹巴县的教育事业相对落后。但是新中国成立后, 如图 2-18 所示, 丹巴县政府投入了大量资金来发展教育。从前文有关 2016 年丹巴县一般公共预算开支各项比例的分析也可以看到, 教育投入仅次于"农林水", 居第二位。到了 1988 年, 丹巴县已经有 6

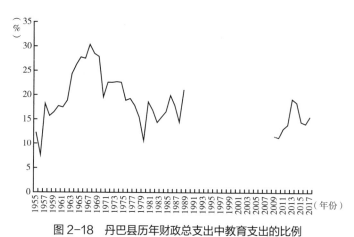

图 2-18　丹巴县历年财政总支出中教育支出的比例

资料来源：1955~1988 年数据，见《丹巴县志》（四川省丹巴县志编纂委员会，1996，民族出版社，第 525~526 页）。2008~2016 年数据，见《甘孜统计年鉴》（2009~2017 年），四川省甘孜藏族自治州统计局。

所中学，教师 136 人，学生 1495 人；职业中学 1 所，教师 10 人，学生 102 人；小学 32 所，教师 379 人，学生 7833 人。[①]

由于撤校、并校等因素的影响，到了 2016 年，丹巴县的学校数目没有太大的变化，甚至小学数量有大幅减少。2016 年，丹巴有 1 所高中,4 所初中。丹巴县有小学 15 所，学龄儿童入学率 99.88%。丹巴县共有幼儿园 35 所，适龄儿童入园率 81.27%，高于甘孜州的平均水平 64.39%。[②]

"十三五"期间，丹巴县着力全面提升教育事业发展水平。首先，实施基础教育巩固提升计划，全面推进公办乡镇中心幼儿园建设，建立健全义务教育控辍保学责任机

① 四川省丹巴县志编纂委员会：《丹巴志》，民族出版社，1996，第 9 页。

② 四川省甘孜藏族自治州统计局：《甘孜统计年鉴 2017》，2018，第 415~421 页，http://www.gzztjj.gov.cn/12399/12400/12473/2017/10/30/10602819.shtml。

制，巩固和提升普及义务教育成果，改善办学条件，积极发展规模寄宿制教育，实现义务教育县域内基本均衡发展（见图2-19）。继续实施民族地区十五年免费教育计划，实施免费学前教育，落实"一免一补"政策，落实义务教育阶段"三免一补"政策，实施普通高中"两免"教育，落实普通高中家庭经济困难学生国家助学金计划，国家中等职业教育免学费和国家助学金政策，继续实施"9+3"免费职业教育计划。实施乡村教师专项支持计划，拓展农牧区乡村教师补充渠道，实现县域内城乡学校教师岗位比例总体平衡，全面落实乡村教师生活补助政策。加强教师周转宿舍建设，改善教师生活条件。

图2-19　半扇门乡中学操场

12.丹巴县的医疗卫生

2016年，丹巴县有医院2所、卫生院16所、妇幼保健院1所、卫生监督所1所、疾控中心1所、村卫生室181所。卫生机构总人数520人，其中卫生技术人员283人，包括执业医师93人、执业助理医生18人、注册护士

86人、药师12人、技师20人、其他卫生技术人员54人，其他技术人员2人，村卫生室有205人。全县总床位数为270张。① 全县平均每千人有7.37名卫生机构人员，相对于1988年的6.78名稍有增长。②

为了进一步改善丹巴县的卫生医疗条件，丹巴县政府在"十三五"期间大力推动丹巴县医疗卫生事业的发展。强化医疗卫生机构的建设，强化医疗卫生人才队伍建设，强化医疗卫生对口帮扶，强化公共卫生服务，加强包虫病、大骨节病、艾滋病、结核病等重大疾病预防等。

二 丹巴县扶贫与脱贫政策和项目

丹巴县是四川省"四大连片贫困地区"中的高原藏区县，属于典型的"老、少、边、穷"地区。发展水平低，历史欠账过多，贫困面大，贫困程度深。③ 全农村贫困现状表现出"面广、点多、程度深、返贫现象严重"的特征。2015年，按照精准识别程序和规模，经过动态调整，全县共识别建档立卡贫困村54个，贫困人口2465户9286人。"十三五"期间，丹巴的目标就是确保全县每年减少贫困村10个以上，减少农村贫困人口1600人左右。到2020年，全面消除绝对贫困，全县9286人农村建档立卡

---

① 四川省甘孜藏族自治州统计局:《甘孜统计年鉴2017》，2018，第429~433页，http://www.gzztjj.gov.cn/12399/12400/12473/2017/10/30/10602819.shtml。

② 四川省丹巴县志编纂委员会:《丹巴县志》，民族出版社，1996，第618页。

③ 陈洋、王益谦:《藏区地区贫困县发展模式的探索——四川丹巴县的实证研究》，《西部发展论坛》2005年第5卷第4期。

贫困人口全部脱贫,54个贫困村全部"摘帽",贫困县"摘帽"。农牧民年人均收入比2010年（3188元）翻一番以上,实现基本公共服务均等化、社会保障全覆盖。

（一）丹巴县的"十三五"精准扶贫规划

丹巴县结合该县五年脱贫攻坚目标任务及各乡、各村实际,在充分开展调研的基础上,制定了"十三五"精准扶贫、五个一批、十七个专项、产业发展、贫困村新农村建设等规划。同时结合2016年的目标任务,以及贫困村新村建设、基础提升、产业发展等需求,分村、分户制定脱贫措施438份,做到脱贫措施精准,为扎实推进脱贫攻坚奠定了坚实的基础。具体措施主要包括以下几个方面。

1.扶持生产和就业发展一批

①发展全域旅游促进增收。制定"十三五"旅游扶贫专项规划和乡村旅游扶贫规划,积极开发高原特色旅游、旅游山坡和主题酒店,推进嘉绒、东女、红色、西夏文化走廊建设,建立完善乡村旅游标准体系。

②发展特色种养促增收。发展优势特色产业,因地制宜大力实施产业扶贫,大力发展"四大优势产业",着力培育"八大产业基地",围绕贫困村特色产业发展,构建现代农牧业经营体系。积极推进农牧产品深加工,延长产业链,增加农产品附加值。

③发展优势资源促增收,建立"项目共推、移民安置共享、稳定问题共处、生态保护共商、利益双赢共享"五大机制,加大招商引资力度,积极发展民营经济,激发民

间市场活力，健全乡村商品服务网点体系。

④发展劳务就业促增收。制定专门的就业政策，加大就业培训力度，增设公益性岗位，促进困难群众就业增收。开展就业技能培训、实用技术培训等，建立健全就业创业服务体系，搭建就业创业平台，全力推进"大众创业、万众创新"工程，加强区域合作，建立劳务输出综合服务体系。

⑤发展教育扶贫促增收。研究落实免费职业教育培训政策，发放中小学寄宿制学生生活补助，帮扶家庭经济困难的毕业生就业。

2. 移民搬迁安置一批

①对生存环境恶劣、生态环境脆弱、不具备发展条件的居民，实施移民搬迁安置。对接省州移民搬迁专项规划，结合全域旅游、新型城镇化、幸福美丽新村建设等，制定全县移民搬迁专项规划，确保到 2020 年实现具有搬迁条件和医院的贫困户应搬尽搬。加强搬迁地基础设施配套建设，制定特殊政策，通过调拨、转让或者集中进行土地开发等方式，解决搬迁贫困户宅基地、基本耕地和林草地，确保生产就业。

②做好"自主移民搬迁"工作。合理引导、规范管理、跟踪服务，解决子女入学、社会保障等问题，帮助他们融入当地生活。

3. 低保政策兜底一批

①对丧失劳动能力、无法通过产业扶持和就业帮助实现脱贫的贫困户，全部纳入最低生活保障，通过社会保障

实施政策性兜底扶贫。

②扩大社会保险覆盖面。将城乡居民和本县籍僧尼纳入基本养老保险、基本医疗保险体系中，实现社会保险全覆盖。

4. 医疗救助扶持一批

①调整城乡居民医疗保险政策，逐步提高贫困人口的医疗保险筹资标准。改革新农合支付方式，重点将区域内住院疾病排名、费用占比前十位的病种纳入支付方式改革，降低贫困人口医疗费用。

②加强医疗保险和医疗救助。资助最低生活保障家庭成员和特困供养人员等重点救助对象参加基本医疗保险，加强贫困户、残疾人患重大疾病的医疗救助。

5. 灾后重建帮扶一批

抓好地震、泥石流等灾害乡村的重建工作，切实解决因灾致贫的问题。优先推进住房重建，对建不起房的困难户实行政府兜底。加大公共产品供给力度，推进灾区迅速恢复生产，提高灾区群众增收致富能力。

2017 年甘孜州丹巴县环林局制定《丹巴县生态建设扶贫专项实施方案》，把扶贫工作和生态建设与环境保护相结合，实施扶贫"三到位"的生态建设扶贫。

（二）丹巴县的教育扶贫

教育扶贫是四川省高原藏区的一项重要扶贫措施，其中最为知名的就是藏区"9+3"免费教育计划。如表 2-3所示，建档立卡贫困户的孩子，从学前教育到高等教育阶

表2-3 丹巴县相关教育助学扶贫政策

类别	项目名称	资助对象	资助比例	资助标准	认定程序	资金发放
学前教育	免除保教费	所有公办幼儿园	100%	农牧区幼儿园按每生每年600元减免保教费，城镇幼儿园按每生每年1000元减免保教费。普惠性民办幼儿园参照办理	报名注册	直接免收
	午餐补助	所有公办幼儿园	100%	每生每天给予4元午餐补助，全年按200天算共800元。普惠性民办幼儿园参照办理	报名注册	到幼儿园
义务教育	三免（免教科书费、学杂费、作业本费）	所有义务教育阶段（小学、初中、特教）学生	100%	免教科书费标准为：小学每生每年104元，初中每生每年194元；免学杂费标准为：小学每生每年660元，初中每生每年920元；免作业本费标准为：小学每生每年30元，初中每生每年40元	报名注册	学杂费直接免收，教科书、作业本免费提供
	一补（补助贫困寄宿生生活费）	义务教育阶段家庭经济困难寄宿学生	所有农村寄宿学生	每生每年1700元	学生提出申请并提供困难证明，公示、认定	由学校食堂供餐补助到校，或直接发放给学生
一	特殊教育学生资助	接受特殊教育在校学生	应助尽助	每生每月800元补助，全年按照10个月算共8000元补助	报名注册认定	按年划拨到学校
高中教育	免学费	普通高中在校生	100%	省级示范性高中就读的学生按每生每年1200元标准免除学费	报名注册认定	直接免收
	免教科书费	普通高中在校生	100%	每生每年1000元	报名注册	直接免收
	国家助学补助金	家庭经济困难普通高中学生	在校生36%，所有贫困户学生	一档每生每年2200元，二档每生每年1800元	提出申请和贫困证明，评审公示认定	每学期发放到受资助学生

精准扶贫精准脱贫村村落落·研调村百日资脱实 | 卷村三四腊

续表

类别	项目名称	资助对象	资助比例	资助标准	认定程序	资金发放
中职教育	免学费	全日制中职在校生	100%	每生每年2000元	免学费申请备案表	直接免收
	国家助学金补助	全日制中职在校生	100%	一、二年级补助标准：每生每年1500元；三年级每生每年2000元	国家助学金申请表	按月发放给学生
	建档立卡家庭经济困难本专科学生生活补助	建档立卡贫困户学生	应助尽助	每生每学期500元	四川学生资助网在线申请	按学期发放给学生
	建档立卡家庭经济困难本专科学生特别资助金	2016年录取的建档立卡贫困户学生	应助尽助	2016年为每生每年资助学费2000元，生活补助2000元	四川学生资助网在线申请	12月底，一次性发放给学生
	新生入学资助	家庭经济困难新生	教育基金会分配	四川省内院校录取的新生每人500元，四川省外院校录取的新生每人1000元	填表申请	一次性发放给学生
	雨露计划	建档立卡贫困户专科、中高职学生	应助尽助	每生每年补助1500元	扶贫网注册申请	一次性发放给学生
	贫困家庭学生资助	建档立卡贫困户本专科	应助尽助	高职生给予一次助学金500元，专科预科生1000元，本科预科生2000元，专科3000元，二本4000元，一本5000元	学生申请、公示、审核	县级学生资助管理中心发放给学生
	相关部分针对新生助学金	家庭经济困难普通高校大学新生	由相关部门根据资金情况分配名额	非义务教育阶段贫困家庭学生资助标准给予一次助学金	学生填表申请，提交贫困人口识别卡	由相关部门发放给学生或家长

类别	项目名称	资助对象	资助比例	资助标准	认定程序	资金发放
一	相关部门针对在读大学生的社会助学金	2016年秋季入学的建档立卡贫困家庭大学生	应助尽助	根据当年筹措的助学金确定，2016年为本科生每年3000元、专科生每年1000元	学生填表申请，提交贫困人口识别卡	由相关部门发放给学生或家长
	国家生源地信用助学贷款	家庭经济困难的本专科学生和研究生	应贷尽贷	①借款额度：研究生8000元每年，本专科学生不超过12000元每年。②国家助学贷款执行中国人民银行同期公布的同档次基准利率。③贷款最晚到期日，学制加13年，最长不超过20年。④学生在校期间贷款利息，100%由财政补贴，毕业后有36个月的宽限期限（不偿还本金，只付利息）	"生源地信用助学贷款申请表"申请、学生证、户口本、身份证等	贷款发放到学生默认信用账号，由就读高校统一扣缴
学前至高等教育	教育扶贫基金救助	建档立卡贫困户中特别困难家庭子女就学	应助尽助	根据贫困家庭情况，救助标准每户每年500~5000元	学生申请，公示，教育局审定	以银行打卡方式发放

段，包括中职教育和高职教育阶段，都有各种津贴，包括贷款；不仅有学费减免，还有生活补助、餐费补助等。这些都极大地缓解了贫困家庭孩子受教育的压力，增加了他们接受教育甚至高等教育的可能。

三　丹巴县扶贫与脱贫的状况

（一）土地整理

2015 年 7 月，丹巴县作为四川省 88 个贫困县之一，因为地质灾害频发，被四川省省委确定为国土资源厅的精准扶贫对象。国土资源厅根据自身优势以及丹巴县的特定环境，围绕丹巴县扶贫与脱贫的总体目标，制定了《四川省国土资源厅联系指导丹巴县及腊月山三村等 4 个贫困村精准扶贫实施方案》，提出要从 2015 年开始，用 5 年时间，全面清除贫困村的绝对贫困现象，实现贫困人口全部脱贫。四川省国土资源厅制定了"结合实施土地整理与地质灾害防治两大扶贫"战略。

从土地整理的角度，国土资源厅安排了 3489 万元的资金开展了丹巴县半扇门乡土地整理项目以及聂呷乡和巴旺乡土地整理项目，共计整理土地 21341 亩，极大改善了当地农业生产条件。从地质灾害防治的角度，国土资源厅从地质灾害调查评价、监测预警、防治和应急四大体系，支持丹巴县作为全省地质灾害综合防治体系试点地区的建设工作。国土资源部门安排地质灾害防治资金 1.34 亿元，用于开展 686 处地质灾害隐患点群测群防专职监测队伍建设、643 户避险搬迁安置等项目，全面提升丹巴县地质灾害防治能力。

为进一步加大对定点帮扶丹巴县及定点贫困村的扶贫工作力度，2018 年国土资源厅印发了《2018 年定点帮扶丹巴县及腊月山三村阿娘沟四村等 4 个贫困村的工作方案》，提出要继续用好、用活、用足国土资源政策，通过超常规帮扶手段，在项目、资金、人才、政策等方面加大对丹巴县的支持和倾斜力度，全力保障受地质灾害威胁的群众生命财产安全，进一步缓解当地产业发展耕地不足的困局，试点城乡建设用地增减挂钩项目，聚焦腊月山三村、腊月山一村的脱贫成效巩固提升和阿娘沟四村、阿娘寨村脱贫退出工作，助推丹巴县完成 21 个贫困村退出、725 户 2694 人脱贫的年度目标任务。

主要帮扶措施包括三项：①试点增减挂钩项目，增加新居建设用地指标。全力支持、协助丹巴加快推进实施已批复的城乡建设用地增减挂钩项目区拆旧复垦和安置建新等工作，对丹巴县实行增减挂钩指标不受指标总规模限制的政策倾斜，做到增减挂钩指标应保尽保。②实施土地整理，缓解产业发展耕地不足的困局。结合丹巴县农业生产条件、村民生活条件实际，实施丹巴县聂呷乡和巴旺乡土地整理项目，改善当地人畜饮水、田间道路、灌溉排水等条件，新增耕地面积，促进农村产业发展提升，并在项目实施中优先安排建档立卡贫困户务工。③开展地质灾害防治，确保群众生命财产安全。结合丹巴县地质灾害隐患分布较多和容易成灾的实际，在地质灾害综合防治体系建设中给予大力支持和倾斜。

（二）丹巴县扶贫和脱贫状况

2016年，丹巴县为了推进脱贫攻坚战略，坚持把扶贫开发与新村建设、生态环境、产业发展相结合，完成54个贫困村2465户9286名扶贫对象建档立卡和复核工作。投入资金2.66亿元（其中"五个一批"0.63亿元，"十七个专项"2.03亿元），实施"五个一批""十七个专项""六项民生工程"。在项目的实施过程中注重资源整合，共计整合资金6510.49万元（其中：新村扶贫建设5714.3万元，产业发展596.35万元，公共服务设施122万元，教育卫生扶贫资金77.84万元）。

采取长短结合的方式发展增收产业。首先，全力培育长期可持续发展增收产业，通过"企业+专合组织+基地+农户""村企互动的双赢模式""长短结合的渐进模式"发展增收产业，成立专合组织46个，签订购销合同29份，流转土地1170亩，建立核桃、酿酒葡萄、无花果、苹果、中药材、蔬菜基地，还有养殖场和加工企业。其次，努力实现短期内脱贫增收，通过技能培训、引导外出务工、安排公益性岗位等方式快速增加贫困户的收入。再次，完成22个贫困村农村安全饮水巩固提升工程。全面完成22个贫困村整体"摘帽"和416户1608名贫困人口脱贫目标。同时，2011~2015年，投入1.39亿元实施整村推进、连片开发、扶贫搬迁等重点项目139个，易地扶贫搬迁637户，5399名贫困人口生产生活条件得到改善，贫困发生率从

2011 年的 26.2% 下降到 2016 年的 12.78%。

2017 年的任务是"摘帽"16 个贫困村,"摘帽"417 户,脱贫 1608 人。根据丹巴县扶贫移民局的统计,到调研(2017年 9 月底)为止,丹巴县还有 32 个村正处于"摘帽"的工作过程中,人口中 1037 户 3998 人已经脱贫,1208 户 4566人还需要未来一段时间的努力。丹巴县坚持问题导向、点面结合,扎实抓好脱贫攻坚工作。一是围绕贫困村"五有"目标,完成易地扶贫搬迁 686 人,完成新(改)建住房 24 户。二是拓展"一带一业""一村一品"产业布局,大力推进农业综合示范园区建设,建设成优质粮油、蔬菜、林果、中药材基地 1 万亩。三是围绕贫困村"五有"目标,新(改)建村卫生室 11 个,完成贫困村幼儿园建设,全力抓好教育和医疗扶贫,确保义务教育和基本医疗有保障。四是进一步完善强农惠农富农政策,着力挖掘经营性收入增长潜力,确保工资性收入增长势头,释放财产性收入增长红利,拓展转移性收入增长空间。五是抓好省内对口帮扶和社会力量扶贫,凝聚脱贫攻坚强大合力。六是抓好宣传引导,改变"等靠要"思想,激发贫困群众内生动力。

但是,2016 年、2017 年的扶贫过程中,也碰到了许多问题。首先是易地扶贫搬迁建房面积标准问题。易地搬迁确实解决了贫困户因为生产生活条件落后难以摆脱贫困的困境,对于老百姓发展生产、改善生活、提高收入有很大的帮助。但是,按照国家、省易地扶贫搬迁政策规定,搬迁户建房面积人均不能超过 25 平方米,这对于藏族农村来说是不够的,因为丹巴县农村传统建造藏房的时候,户均都在 200 平方米左右。按照现有的补助标准，即使丹巴县贫困建房标准超过人均 25 平方米，达到传统的户均 200 平方米，也不会产生新的贫困户，因为材料都是本地的，石头、水泥、木料、人口都是不要钱的，只需要一点运输工具。人工费基本不需要，因为当地有着良好的民风民俗，盖房时各家之间都相互帮忙，互相换工，最多花点必要的水泥钱、匠人工钱、涂料钱等。如果按照人均不能超过 25 平方米建房，既不能保持藏房传统风貌，更不能达到住上好房子的目标，也不可能让农户以藏房为基础发展旅游业。因此，应该在不增加贫困户债务的基础上，考虑藏区农村建房的实际，不把建房面积作为硬性控制标准，而是以不负债、不增加新的负担为控制标准。

其次，丹巴县脱贫攻坚虽然筹集了大量资金，但实际上还是缺资金的。在丹巴，相同的资金做不到内地同样的事情。丹巴地处高寒山区，施工时间短，建设成本比较高。同时，丹巴属于灾害县，这里的灾害多样，地震、山洪、泥石流、风灾、雪灾、雹灾，特别是 2017 年的 6·15 特大洪灾，导致很多脱贫贫困户返贫。有些因病返贫的，主要劳动力出现大病，一个家庭没有了支柱，虽然国家在医疗救助、医疗保险的基础上使群众看病得到了很多保障，但主要劳动力得了大病之后没有了劳动能力，对家庭来说是毁灭性的打击。这就涉及脱贫户不能享受教育资助政策和医疗救助的问题。丹巴县 2014~2015 年已经脱贫户中就读中、高职及大专以上院校的学生中，有 286 名不在教育资助系统中，不能享受相关资助政策，但是这些孩子的教育对于贫困户来说还是沉重的负担，希望能够把这些孩子依然纳入教育资助系统中。2014年丹巴县脱贫人口为1245人，不能纳入现有的医疗救助政策范围内，但是医疗支出对这些刚刚脱贫的人来说依然是沉重的负担，应该把他们重新纳入现有医疗救助范围。

丹巴县是四川省2016年开展统筹整合使用财政涉农资金的试点县。整合资金的主体主要是县财政局和扶贫移民局。上级资金到丹巴县以后，由这两个部门向领导小组做汇报，然后根据丹巴的需求具体分割资金的使用。整合后的资金主要用于新农村建设和产业发展，前者包括贫困村的路水电以及贫困户的"三改五建"，后者主要是丹巴县农牧科技局在全县实施的产业。还有一些小额的资金，根据具体的需求再进行分配。具体的需求由22个专项部门提供，并确定缺口资金。这些专项部门会针对每个村进行调研和规划。比如县农牧办承办全县新农村建设，那么它就根据县委县政府指挥部确定的新农村建设任务，去每个村调研，提出实施计划和资金计划。

第三节　半扇门乡扶贫与脱贫的基本情况

一　半扇门乡的基本概况

半扇门乡（见图2-20）位于丹巴县东部，乡政府驻半扇门一村，距县城 22 公里。1962 年底，原属于喇嘛寺乡的腊月山 3 个村、火龙沟 4 个村、喇嘛寺 3 个村和半扇门牛场、核桃坪 12 个村，并入从岳扎乡划出的半扇门街、半扇门沟、关州、墨龙、大邑、阿娘寨、阿娘沟等共 19 个村，于 1963 年 3 月建半扇门乡。①

图 2-20　半扇门乡所在河谷

半扇门乡土地面积 231.65 平方公里。海拔 1900~4700 米，全乡辖 22 个行政村（含一个牧业村），总户数 1300 户，总人口 5157 人，有林地面积 13.84 万亩，草原面积 18 万亩，退耕面积 0.89 万亩，耕地面积 3430 亩。2015 年，半扇门乡农牧民的人均纯收入达到了 8530 元，粮食总产量达到了 1291 吨，牲畜总增加率达到 35%，出栏率达到 35%，商品率达到 26%。

小金川由太平桥乡一支碉沟口流入县境，斜穿太平桥

① 四川省丹巴县志编纂委员会：《丹巴县志》，民族出版社，1996，第 57 页。

乡、半扇门乡、岳扎乡、中路乡，在章谷镇东北小（金）丹（巴）公路一公里处的三岔河口与大金川汇流。阿坝州小金县通往丹巴县城公路干线小丹公路，系国道川藏公路317线迂回线段，全长56.6公里，在丹巴县境路段为36公里，从半扇门乡政府和腊月山一村穿过。

丹巴县有着丰富的旅游资源，但是半扇门乡相对于其他乡镇，缺乏有特色的旅游资源。因此，半扇门乡的扶贫措施更多集中于产业脱贫和基础设施建设。

二　半扇门乡的扶贫和脱贫概况

（一）半扇门乡的土地整理

四川省国土资源厅定点帮扶的贫困村就是半扇门乡腊月山三村，因此派驻了五名国土资源厅的同志在半扇门乡和各贫困村挂职。他们给半扇门乡带来的一个重要扶贫项目就是土地整理项目。

土地整理项目以腊月山三村、腊月山二村和阿娘沟一村为核心区域，辐射全乡除牧区村之外的21个村。半扇门乡土地整理的内容总共有四大项：土地平整工程、灌溉和排水工程、田间道路工程、生态防护工程。重点整治的是7个村，包括腊月山三村（661万元）、腊月山二村（162万元）、腊月山一村（110万元）、阿娘沟四村（165万元）、阿娘寨村（66万元）、阿娘沟一村（181万元）和碉坪村（27万元）。另外还花费50万元用于整理全乡这七个村之外的旱地 6244 亩，总共整理全乡土地 8400 余亩。通过土地整理，极大地改善了半扇门乡的基础设施，改善了土地的质量，提高了土地的产出效率。

（二）扶贫和脱贫措施：贫困村层面

2015 年，全乡贫困建档立卡户 237 户 870 人，贫困村 7 个（阿娘沟二村、阿娘沟四村、阿娘寨村、大邑村、腊月山一村、腊月山三村、火龙沟二村）。根据半扇门乡的规划，腊月山一村和腊月山三村 2016 年"摘帽"，阿娘寨村和阿娘沟二村 2018 年"摘帽"，剩下的三个村 2019 年"摘帽"。为了实施精准扶贫，除了所有的贫困村都实施少量的易地搬迁、新农村建设、通村通畅等工程之外，乡政府还根据不同贫困村的特点，实施了不同的扶贫设施。

1. 腊月山三村

村主干路 7.0 公里，宽 3~4 米，为混凝土路面加堡坎、挡墙、桥梁、护栏等；生产便道 1640 米，宽 2.5~3 米，为混凝土路面加堡坎；2.5 米宽生产路 3745 米，1 米宽生产路 4507 米。

水窖 2 个，小型提灌站 2 个，30 立方米水池 1 个，蓄水池配套过滤池、引水管、开关和盖板；0.3 米 ×0.4 米的排水沟 112 米，0.8 米 ×0.6 米的拦山堰 721 米，0.4 米 ×0.4 米的沿山沟 363 米，新建 160PE 管 1646 米。

规划改造高压输电线 4.0 公里（高压塔、变压器、输电线、电线杆），生产用电输变电线路 300 米（变压器、电线、电线杆）。

在产业发展方面,扩大花椒种植面积,增加25亩。在磨子沟养殖藏香猪50头,在大牛场养殖牛100头、羊100头。

在新农村建设方面,47户实行太阳能热水器改造以及改厨、改厕、改圈和房屋外观风貌改造,修建健身设施、太阳能路灯;在3个自然组和养猪场建公共厕所4个,在四大热、甲布山和磨子沟修建垃圾集中收集点7个,在磨子沟修建观景台1个,可以观看磨子沟、甲布山和四大热周边的风景。

在生态建设方面,对公路沿线的3处地质灾害点进行治理(治理周边的边坡),进行地灾应急治理,保证安全。在村活动中心设置卫生室,改善群众医疗卫生条件,确保人民的身体健康,疾病能够及时有效地得到治疗。继续争取国家低保扶贫政策。

2. 腊月山一村

通村通畅项目,村主干路4.7公里及道路路面硬化工程,以及堡坎、护栏等;新农村建设项目,本村约2公里连户道路硬化工程;土地整理项目,3米宽碎石路631米,错车道2处,C30田间道670米,2米宽生产路701米;7口30立方米水池;电网升级,新增变压器。

在产业发展方面,种植128亩糖心红富士苹果,扩大现有生猪合作社养殖规模。

在新农村建设方面,"五改三建",连户道路硬化,新建公共厕所1座,新建垃圾处理池3个,安装太阳能路灯20盏。卫生室与村级活动室配套建设,提高本村卫生医疗硬件设施，继续争取国家低保扶贫政策。

3. 阿娘寨村

6.9公里通村硬化，1.8公里机耕道，10口20立方米蓄水池，农网改造。

在产业发展方面，计划在经济林木中种植中草药，核桃100亩，苹果80亩。计划帮助农户养殖三月生态鸡和藏香猪。在教育方面，帮助建档立卡贫困户落实"雨露计划"。申请新农村建设，在五改项目过程中落实垃圾池改造。新农合、新农保参保率达100%。

4. 阿娘沟二村

通村通畅公路。种植苹果80亩、中药材10亩。拟进行新农村建设，建设200平方米的文化广场、20平方米的图书室。

5. 阿娘沟四村

村主干路5.7公里，宽3.5~4米，为混凝土路面加堡坎、挡墙、桥梁、护栏等；整治3米宽的碎石田间道路总长1150米，0.8米宽生产路1081米。

0.3米×0.4米的排水沟1081米，0.4米×0.5米排水沟1372米；110PE管3100米，100立方米蓄水池1口，30立方米蓄水池9口。村内光缆线和接入户设备63户。

在产业发展方面，扩大中药材重楼、白芨、一枝蒿的种植面积，增加60亩；对葡萄基地扩大种植面积，增加50亩；建设养殖基地配套设施，引进牛犊、羊羔各100只。

在新农村建设方面，为各户实行太阳能热水器改造以及改厨、改厕、改圈和房屋外观风貌改造，修建健身设施、太阳能路灯；修建公共厕所 2 处，修建垃圾集中收集点 4 个。

在生态建设方面，对公路沿线及村内的 8 处地质灾害点进行治理。在村活动中心设置卫生室，改善群众医疗卫生条件，确保人民的身体健康，疾病能够及时有效地得到治疗。为贫困户争取国家低保兜底、医疗救助及教育帮扶政策。

6. 大邑村

通村通畅公路。种植中药材 170 亩，发展藏香猪养殖业。拟进行新农村建设、生态建设，建设 600 平方米的文化广场、20 平方米的图书室。

7. 火龙沟二村

通村通畅公路。种植苹果 50 亩、花椒 60 亩。拟进行新农村建设，建设文化广场和 20 平方米的图书室。

从半扇门乡对于各个贫困村的扶贫规划来看，各个村的差异还是很大的。阿娘沟二村、大邑村、火龙沟二村可以说没有更多的扶贫规划和措施，而腊月山三村、阿娘沟四村相对有更多的投入，不仅是基础设施方面的投入，还有产业发展方面的规划。从后面的分析还可以看出，腊月山三村的项目和投入其实还远远不止于半扇门乡规划。另外还有 147 户共 535 人的插花贫困户，主要的脱贫方式包括核桃、花椒、苹果的种植，以及安全饮水工程等。

（三）扶贫和脱贫措施：贫困户层面

表 2-4 是根据半扇门乡公布的 7 个贫困村建档立卡贫

困户的致贫原因和脱贫路径整理的。贫困户的户数是 2014 年确定的建档立卡贫困户，和 2016 年调查时的贫困户户数不完全相同。这 7 个贫困村"摘帽"的时间不同，因此这些贫困户脱贫的时间也不同。但是贫困户脱贫的时间和贫困村"摘帽"的时间并不完全一致。贫困村"摘帽"从 2016 年开始，而这 90 户贫困户中还包括 2014 年脱贫的 4 户以及 2015 年脱贫的 3 户。

表2-4　半扇门乡7个贫困村中贫困户的致贫原因和脱贫路径（2014年）

类别	贫困户数	致贫原因					脱贫路径		
		因病/因残	因学	缺劳动力	缺技术	缺资金	种植	养殖	务工
腊月山三村	17	10	4	3	10	10	0	15	16
腊月山一村	12	10	7	5	2	7	12	12	12
阿娘寨村	12	7	7	4	0	0	12	0	7
阿娘沟二村	10	10	0	2	2	4	10	0	0
阿娘沟四村	18	10	10	0	8	18	14	0	16
大邑村	14	10	3	1	2	10	NA	NA	NA
火龙沟二村	7	6	0	0	2	2	NA	NA	NA
合计	90	63	31	15	26	51	NA	NA	NA

注：大邑村和火龙沟二村没有整理脱贫措施，是因为这两个村提及的脱贫路径都不属于种植、养殖或者务工，而是资金和技术支持、技术培训、引导就业、教育扶持。

从表2-4的结果可以看出，总体来说，在半扇门乡，最主要的致贫原因是"因病/因残"（63户，70%），其次是"缺资金"（51户，56.67%）、"因学"（31户，34.44%）、"缺技术"（26户，28.89%）、"缺劳动力"（15户，16.67%）。

各个村的致贫原因存在着较大的差异。腊月山三村和大邑村，"因病／因残"和"缺资金"的比例是一样的；而阿娘沟四村，"缺资金"是最主要的致贫原因；阿娘寨村，"因病／因残"和"因学"是最主要的原因。

但是，各个村在脱贫的路径上似乎没有采用相应的措施。大邑村的脱贫路径强调"教育扶持"，但是实际上这个村"因学"致贫是相对较少的；"因学"致贫是主要原因的阿娘寨村没有强调在教育方面是如何帮助贫困家庭摆脱贫困的，而只是提及种植和务工。这 90 户贫困户中，享受移民搬迁政策的有 22 户，还有 12 户享受低保兜底（称为低保贫困户），47 户享受过"医疗救助"。

（四）因灾致贫

和丹巴县一样，半扇门乡也经历了 6·15 洪灾。这次洪灾对半扇门乡的基础设施损毁比较严重。虽然没有房屋等直接损毁，但是导致农作物减产，果树、土地减产。这不仅涉及河坝上的一村和其他村庄，半高山遭遇暴雨影响最严重的就是腊月山三村。暴雨影响了土质，造成大规模滑坡，最高的地方修一天垮一天。到 2017 年 9 月为止，也只是把灾情上报县里，路还没有抢修，因为没有哪个部门有资金来维修。这给村民的生产生活造成了很严重的影响，也给半扇门乡的经济发展和脱贫攻坚任务的完成带来了巨大的挑战。

第三章

腊月山村现状：社区层面

这一部分将在村庄层面讨论腊月山村的现状,包括腊月山村的地理位置、人口、经济发展、村庄治理和公共服务等,这些既和村庄的贫困密切相关,和村民的贫困关系密切,也关系着村庄如何"摘帽"、村民如何脱贫,关系着村庄的"摘帽"和村民的脱贫是否可持续,以及是否容易重新陷入贫困之中。

第一节　腊月山村的基本状况

一　腊月山村的地理条件

这次调研的腊月山村包括三个行政村:腊月山一村、

腊月山二村和腊月山三村。根据《丹巴县志》，1986年，这三个村同属于一个村——腊月山村，后来建制调整被划分成为三个行政村。虽然我们在子课题设计之初，原本计划调研的村庄只有腊月山三村，但是到了现场才发现，由于这里地处高寒地区，悬崖陡峭，峡谷幽深，没有能够大规模聚居的平原地带，只有沿着小金川的狭长河谷地带，能够容纳的居民有限。大部分藏族村落都分布在高山和半高山地区，所有的农户都是沿着山脊散落在大山中。腊月山三村虽然是一个行政村，但是实际上只有47户192人，其中贫困户16户53人，达不到总课题组要求的30户贫困户30户非贫困户的要求。最后经过总课题组同意，子课题组把腊月山二村和腊月山一村也纳为调查对象。

腊月山一村分布在山脚和河谷地带，村域面积约为30平方公里，距县城约30.5公里，距乡镇约5.5公里，海拔2140~2630米。相比其他两个村，腊月山一村的地理位置更加便利，一部分居民的居所和农田就坐落于阿坝州小金县通往丹巴县城公路干线小丹公路的两旁。无论是到乡政府还是到中心小学、中学，或者是到丹巴县城，顺着小丹公路就能够直接到达，费时无几。家中的孩子上学和老人就医都更加便利。其他一部分村民分布在半高山，但是相对于其他两个村海拔也更低，交通也更为方便。

腊月山二村海拔2400~2900米，处于三村和一村之间。村域面积约为30平方公里，距县城约32公里，距乡镇约10公里。腊月山二村位于高山峡谷地带，地形山高坡陡、地势险峻、道路崎岖。站在村里，能够直接看到乡政府所在的山谷，以及从山谷中蜿蜒流过的小金川。相对于三村来说，二村的村民到半扇门乡和丹巴县都更为便利；但是相对于一村来说，二村交通则没有那么便利。

腊月山三村海拔是最高的，平均海拔在2800~3200米，村域面积30平方公里，距县城约46公里，距乡镇约21公里。该村自然条件十分恶劣，地形山高坡陡、地势险峻、道路崎岖、沟壑纵横，交通非常不便且地质灾害点较多，一遇大雨容易发生山洪和泥石流，严重影响村民日常出行和人身安全。在实施通村通畅公路之前，从腊月山三村到小丹公路，只有16公里的土路，宽不过1米。晴天尘土漫天，雨天道路泥泞。无论是下山去卖花椒、土豆还是购买粮食、日用品等，都需要靠人力背上背下，耗时大半天。老人就医、孩子上学都成为非常不方便的事情。特别是在撤点并校之后，原来可以去腊月山二村上学的孩子，都必须到半扇门乡中心小学上学。由于交通不便，许多家庭只能在乡政府附近租房子陪孩子上学，给贫困家庭更添重负。

2016年，丹巴县投入294万元，帮助腊月山三村修建了村主干路7.0公里，宽3~4米，为混凝土路面加堡坎、挡墙、桥梁、护栏等。交通条件和以往相比有了很大的改善。但是，一方面从腊月山三村到小丹公路还有11公里没有硬化，还是砂石路；另一方面，即使已经硬化的村主干路，路陡、急拐弯多，两辆车交会的时候错车需要相当的技术，即使只有一辆车前行，稍长的拐弯难度也特别大（见图3-1）。从小丹公路到腊月山三村，转几十个

图3-1　难以会车的山道

弯，跨越 1000 多米的海拔高度差，历时 1.5~2.0 小时，无论是运输建材，还是去医院和学校，依然需要相当长的时间。

二　腊月山村的人口状况

我们在半扇门乡收集了三个村 2015 年农户摸底调查户表的数据，其中包括三个村所有农户的人口，是否为贫困户、低保户、五保户等数据。从表 3-1 中可以看出，腊月山村三个村的人口都不多，这可能是因为居住在半高山、高山，生活生产条件比较恶劣，这也是子课题组在此调查囊括三个村的原因。

如表 3-1 所示，海拔最高的腊月山三村，户数是最少的，只有 47 户，192 人；而海拔最低的腊月山一村，户数是最多的，共有 59 户，202 人。三个村总共 160 户，601 人。从人口来看，即使三个村庄相加，也和其他省份或者四川平原地区一个村庄人口相差甚远，这可能是受限于自然条件的承载能力。这么少的人口，也都生活在贫困之中。腊月山村的三个村中，三村的家庭规模是最大的，平均家庭人数为 4.09 人；一村的家庭规模是最小的，平均家庭人数为 3.42 人。总体来说，平均家庭人数为 3.76 人。

表 3-1　腊月山村三个村的基本人口状况

单位：户，人

类别	户数	总人口	家庭规模	建档立卡贫困户数	人数	低保户数	人数	低保贫困户数	人数
腊月山三村	47	192	4.09	16	53	33	146	10	36
腊月山二村	54	207	3.83	15	49	13	55	2	6
腊月山一村	59	202	3.42	12	38	39	144	6	25
合计	160	601	3.76	43	140	85	345	18	67

资料来源：根据 2015 年腊月山村三个村的摸底调查户表数据整理，和各个村的第一书记填写的村表内容存在一定的差异。

建档立卡贫困户的户数，随着不断有人脱贫和调整，每年都在变动。虽然腊月山三村的户数最少，但是建档立卡贫困户的户数是最多的，47 户中有 16 户；腊月山一村的户数最多，但建档立卡贫困户的户数是最少的，59 户中只有 12 户。这同时说明，贫困村和建档立卡贫困户的户数之间不一定是一致的，也就是说，不一定贫困村中的建档立卡贫困户的户数就多。虽然腊月山一村是贫困村，腊月山二村不是贫困村，但是后者的建档立卡贫困户的户数反而更多，人数也更多。

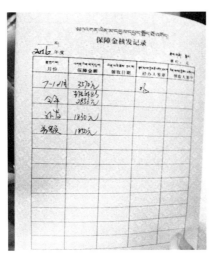

图 3-2　某低保户保障金发放记录

对于当地村民来说，除了建档立卡贫困户，低保户也是重要的政策支持和物资来源。从三个村低保户的数量来看，腊月山二村远远低于腊月山一村和三村，还不到这两个村庄的一半数量。根据四川省民政厅的资料，2016年丹巴县低保户的标准是一年补助3120元。图3-2是腊月山三村某低保户2016年保障金的发放记录，几笔金额加起来超过10000元。这些政策性收入是当地村民的重要收入来源。由于低保户数量不同，三个村的低保贫困户的数量也存在明显差异。三村的低保贫困户超过一村和二村的总数。

从民族来看，腊月山二村和三村都是纯藏族村落，所有的村民都是藏族。而腊月山一村民族比较多，藏族人口最多，有125人，其次是汉族66人，还有羌族11人，回族1人。而且，一村的农户不少是包含不同民族的，因为从一村户主的民族身份来看，32户汉族，27户藏族，藏族家庭更少。但是，实际上从每个村民的民族身份来看，却是藏族最多。

三　腊月山村家庭的经济状况

我们在半扇门乡收集的三个村2015年农户摸底调查

户表的数据，其中除了包括人口和民族的数据，还包括每个农户的总收入、收入来源和总支出、支出项目等数据。根据摸底调查户表的数据，我们整理出表3-2。从表3-2中可以看到，和三个村的地理位置相关，人均总收入中，腊月山一村是最高的，7283元；其次是腊月山二村，6194元；腊月山三村是最低的，只有5975元。腊月山二村没有支出的数据，从腊月山一村和三村的数据来看，也是人均收入更高的腊月山一村人均总支出更高。

表3-2 腊月山村三个村家庭的经济状况

单位：元

类别	人均收入						人均支出		
	总收入	农牧业收入	经营性收入	务工性收入	政策性收入	其他收入	总支出	教育支出	其他支出
腊月山三村	5975	601	694	2835	1741	104	3323	1205	2118
腊月山二村	6194	1021	0	3384	1789	0	—	—	—
腊月山一村	7283	1690	572	3093	1709	219	4492	1121	3371
合计	6494	1113	419	3107	1747	108	3922	1162	2760

注：腊月山二村的摸底调查户表和一村、三村的不同，所以没有支出数据，收入中也没有农牧业收入类别。根据二村摸底调查户表后面有关农业生产的内容，认为实际上经营性收入都是农牧业收入。同时，户均支出总计部分只包括一村和三村的数据。

资料来源：根据2015年腊月山村三个村的摸底调查户表数据整理，和村表的内容存在一定的差异。

在摸底调查户表的数据中，也有人均纯收入的数据。从腊月山村三个村的这些数据来看，基本上所有农户的人均纯收入都在2800元以下，低于国家2016年的扶贫标准3100元。这一方面可能是为了符合贫困村和贫困户的身份要求，但是不属于贫困村的腊月山二村也是这样的结果，腊月山村三个村不属于建档立卡贫困户的也是这样的结果；另一方面仔细计算可以发现，这个结果在很大程度上是每户总收入减去总支出再除以家庭人数得到的结果。家庭支出在很大程度上也是为了凑家庭人均纯收入这个数据而获得的。因此家庭总支出的数据在此只能够参考。具体结果，可以在后面分析调查的数据结果时再进一步讨论。

从腊月山村的收入来源来看，三个村的收入中，比例最高的都是务工收入。总体来说，务工收入为总收入的47.84%；二村中务工收入的比例是最高的，为54.63%，最低的一村也有42.47%，三村为47.45%。居第二位的重要收入来源是政策性收入，总体收入中政策性收入的比例为26.90%，比例最高的三村为29.14%，最低的一村为23.47%，中间二村为28.89%。对于所有的村民来说，政策性收入包括退耕还林、地力补贴、林补、草补等。根据《半扇门乡2015年退耕还林补贴花名册总表》，退耕还林的补贴，260元/亩，一村有48户，二村有52户，三村有47户。根据"半扇门乡2016年度地力补贴基础数据"，耕地地力保护补贴（地力补贴），57.81元/亩，一村有48户，二村有44户，三村有40户。根据"半扇门乡2013年度林补"，生态林补贴（林补），121.03元/人，一村有58户，二村51户，三村48户。还有草原生态保护补贴（草补），155.93元/人。除了这些普遍性的政策性收入之外，低保户还有低保收入，建档立卡贫困户可能有包括教育津贴的各种津贴。农牧业收入在腊月山村三个村的村民收入中所占比重都相对较小。

从腊月山一村和三村的总体支出数据来看，教育支出占总支出的比例也是相当高的，总体的比例为 29.62%，三村的比例为 36.26%，一村的比例为 24.96%。而且，这个教育支出的比例是平均数，三村有 28 户家庭有教育支出，一村有 29 户家庭有教育支出，其余家庭的教育支出为 0。如果单独计算这些有教育支出的家庭，三村教育支出占家庭支出的比例高达 57.29%，一村的比例高达 40.82%。这说明，对于腊月山村的农户来说，教育支出还是沉重的负担，尽管四川省在甘孜地区大力推行教育扶贫政策，推出了一系列从学前教育到高等教育的助学扶贫措施。

第二节　腊月山村经济状况

一　腊月山村的自然资源

腊月山村的自然资源主要就是耕地、林地和牧草地。根据三个村填写的村表，腊月山三村的耕地面积 128.22 亩（人均 0.67 亩），林地 2975.26 亩（人均 15.50 亩），退耕还林的面积 686.8 亩（人均 3.58 亩），牧草地的面积 4500 亩（人均 23.44 亩）。腊月山二村的耕地面积 155.14 亩（人均 0.78 亩），林地 2975.26 亩（人均 14.95 亩），退耕还林的面积 491.82 亩（人均 2.47 亩），牧草地的面积 4500 亩（人均 22.61 亩）。腊月山一村的耕地面积 220.6 亩（人均 1.09 亩），退耕还林的面积 517.57 亩（人均 2.56 亩），牧草地面积 2000 亩（人均 9.90 亩）。

腊月山村的人均耕地面积，各个村差异很大，而且耕地的生产力也存在很大的差异。腊月山一村海拔 2140~2630 米，河谷部分属于丹巴县的干热河谷两熟区，大部分属于两年三熟区。腊月山二村海拔 2400~2900 米，部分属于丹巴县的两年三熟区，部分属于一年一熟区。腊月山三村海拔 2800~3200 米，都属于一年一熟区，人均耕地面积最小，耕地的生产力也是最低的。所以仅仅依靠这些耕地，腊月山村的村民都难以保证衣食温饱。

和耕地面积相比，腊月山村三个村的林地面积都很大，退耕还林的面积也很大。按照退耕还林每亩补贴 260 元，平均每人每年的补贴都超过 642 元。而林地面积虽然很大，丹巴县的财政也曾经主要依靠这些林地提供的木头，但是，由于丹巴被划归为长江上游生态屏障的核心地带、长江上游与黄河上游的重要水源涵养区，承担着极为重要的生态保育任务，天然林采伐被停止，而主要改为造林和育林，因此，腊月山村农户也无法再从天然林采伐中获益。而当地也不盛产名贵的植物药材如虫草、贝母等，虽然各种菌类产量丰富，但是却也难以支撑起当地的经济和农户的收入。

腊月山村人均面积最大的是牧草地。但是草场没有承包到户，还是集体共有，因为每家每户都有犏牛。不耕地的时候，犏牛就要放到牧场去，在村里面无法生活。但是根据当地村干部的描述，那些牧草地不仅远离村庄，步行要一天才能够抵达，而且牧场海拔都在4000米以上，属于高寒地带。所以对于大多数农户来说，这些牧草地实际上是没有办法成为带来任何收入的自然资源，也只有少数农户在上面养羊养牛。这些农牧户和村里大多数农户都不一样，完全是以牧场为家，很少在村里面居住。

二 腊月山村的经济发展

腊月山村地处高山、半高山，自然资源主要有耕地、林地和牧草地，因此腊月山村经济也主要依赖于种植业和养殖业。从表3-3可以看出，腊月山三村主要种植的农作物是土豆、玉米和胡豆，而腊月山二村和一村都没有栽种胡豆。从养殖的畜禽来看，腊月山三村养殖的品种也是最多的，包括了猪、牛、羊，二村养殖了猪和牛，而一村只养殖了猪。根据作物或者畜禽的单产和当地市场价格，我们计算了三个村种植业和养殖业可能给每个村民带来的收入，二村虽然不是种类最多的，但是因为玉米的种植面积大，猪和牛的数量多，平均每位村民从中可能获得的收入也是最高的，而相对来说一村是最低的。从前面村民收入的分析中可以看到，一村村民的收入反而是最高的，这是因为一村地理位置更为优越，到乡里和县里都更为便利，村民更多不依赖种植业和养殖业，而是以打工等方式谋生。

表 3-3　腊月山村种植养殖情况

主要种植作物	腊月山三村	腊月山二村	腊月山一村	单产（公斤/亩）	市场均价（元/公斤）	价值
土豆	40 亩（36000 元）	25.14 亩（22626 元）	10.6 亩（9540 元）	600	1.5	3~9 月
玉米	75.4 亩（27144 元）	130 亩（46800 元）	210 亩（75600 元）	300	1.2	3~9 月
胡豆	12.82 亩（2115.3 元）	—	—	150	1.1	3~9 月
主要养殖畜禽	腊月山三村	腊月山二村	腊月山一村	平均毛重（公斤/头）	市场均价（元/公斤）	
猪	86 头（193500 元）	92 头（207000 元）	86 头（193500 元）	150	15	× ×
牛	15 头（72900 元）	30 头（145800 元）	—	180	27	× ×
羊	100 头（21000 元）	—	—	35	6	× ×
总价值	352659.3 元	422226 元	278640 元			×
人均价值	1836.76 元	2039.74 元	1379.41 元			

资料来源：腊月山一村、二村和三村的村表。

表 3-3 是腊月山村三个村村表反映的当地经济发展的情况，表 3-4 是根据 2015 年腊月山村三个村摸底调查户表整理的，是三个村所有农户资料的汇总。表 3-4 中，三个村的耕地面积、退耕还林面积和村表所填的数字有些许出入，主要是腊月山三村的耕地面积相差 20 多亩，其余差异不大。腊月山三村的耕地面积差异，一方面可能是总体数据和分农户数据之间存在的差异，另一方面可能是农户有些耕地面积没有被记录在总体数据之中，我们还是更倾向于认同农户层面的数据。另外，腊月山二村、腊月山一村的农户其实都有养殖牛和羊的，但是在总体数据中也没有包含。

表 3-4　腊月山村三个村农作物种植及养殖情况

类别	耕地面积	退耕还林面积	农作物耕作面积	经济林木	猪	牛	羊
腊月山三村	150.85 亩	684.22 亩	150.85 亩	1256 棵	114 头	204 头	175 只
户均	3.21 亩	14.56 亩	3.21 亩	26.72 棵	2.43 头	4.34 头	3.72 只
腊月山二村	155.64 亩	470.27 亩	155.14 亩	11.7 亩	128 头	176 头	110 只
户均	2.99 亩	9.04 亩	2.98 亩	0.23 亩	2.46 头	3.38 头	2.12 只
腊月山一村	211.6 亩	472.47 亩	208.1 亩	1598 棵	480 头	64 头	20 只
户均	3.59 亩	8.01 亩	3.53 亩	27.08 棵	8.14 头	1.08 头	0.34 只
合计	518.09 亩	1626.96 亩	514.09 亩	NA	722 头	444 头	305 只
户均	3.27 亩	10.30 亩	3.25 亩	NA	4.57 头	2.81 头	1.93 只

资料来源：根据 2015 年腊月山村三个村的摸底调查户表数据整理。

从表 3-4 的数据可以看出，种植业还有一块重要的是经济林木的种植，包括花椒、核桃等，这些是当地农户的重要经济收入来源。腊月山三村的户均经济林木为 26.72 棵，腊月山一村为 27.08 棵。腊月山二村统计的时候是按照面积来计算的，户均 0.23 亩土地用来种植经济林木。根据腊月山一村和三村的数据，腊月山二村户均应该也有 25 棵左右的经济林木。如果都是花椒，一棵花椒产干花椒 2~3 斤，当地每斤干花椒的价格是 50~60 元，那么每户 25 棵花椒的收入就是 2500~4500 元。腊月山村的核桃树较少，如果其中 5 棵是核桃树，一棵核桃树产量在 50 斤左右，当地收购价格在 30 元左右，那么也可能有 7500 元收入。由此也可以看出，种植经济林木也是当地重要的收入来源。

腊月山村三个村养殖的畜禽，农户层面和村庄层面数据也存在相当的差异。腊月山一村户均养殖猪的数量远超过其他两个村，实际上是因为一村有一个养猪大户，一户就养了 400 头猪，其他农户实际上和二村、三村的农户一样，都是养了 2~3 头猪。养猪大户主要依赖养殖业的收入，一年收入超过 150000 元，家庭人均收入超过 50000 元。二村、三村户均养殖牛的数量远超过一村，这是因为二村有两户各养了 50 头牛，而三村有两户各养了 30 头牛，还有两户各养了 20 头牛。养羊也是如此，二村有两户，一户养了 60 只羊，一户养了 50 只羊；而一村有五户，都各养了 20~30 只羊。这些养殖户虽然没有一村的养猪大户收入那么高，但是也都普遍超过了村里的平均水平。

腊月山村没有矿产，没有工业；腊月山村虽然地处丹巴县，村里的景色也很美，但是和周围的甲居藏寨、中路乡的梭楼碉堡等相比，没有自己独特的景色，因此很难发展旅游业。腊月山一村因为部分处于小丹公路的路旁，是往四姑娘山和甲居藏寨等著名风景点的必经之路，村干部计划搞农家乐等旅游配套设施，包括旅游集散中心等，但实际上都还处于规划之中，还没有真正落实到可操作层面上。现阶段，更多的是沿着公路出售一些菌类、花椒、核桃、苹果等当地的农特产品。

三 腊月山村的集体经济

腊月山村三个村，因为要符合贫困村"摘帽"中人均集体资产超过 3 元的标准，身为贫困村的一村和三村都从 2016 年开始积累集体资产，集体经济都刚刚起步。而不属于贫困村的腊月山二村，到 2017 年还是没有集体资产。

2015 年，在省国土资源厅的帮扶下，腊月山三村利用

100万元产业扶贫专项资金，建起标准化藏香猪养殖基地（见图3-3），设有7个基本圈舍、2个调温繁育室。同时成立了"腊月山三村山林藏香猪养殖专业合作社"，一共五户农户参加了合作社。按照最初的设想，养猪基地主要用于种猪繁育，猪仔再分给村民，由村民放养到野外，比如退耕还林的林地。村民"借猪还猪"，年底统一结算。给每头猪仔编号，进行监控。如果不能够养育成功，罚款6000元，并且取消2~3年养猪资格。

图3-3　腊月山三村藏香猪养殖基地

村干部希望把养猪场承包给养殖能人经营，承包户给集体上交收入的20%，作为集体收入，剩下的给贫困户分一定股份，保证脱贫有底。但是，开始村民们对于养殖藏香猪都持观望态度。在没有人承包的情况下，村干部聘请两名贫困村民打工，喂养合作社买来的120头猪仔。2016年出栏20头，全部卖给四川省国土资源厅，供不应求，当年销售收入3.6万元，提留

20% 为集体经济，实现了腊月山三村集体经济从无到有的变化。2017 年伊始，村民毛某开始承包养猪场。2017 年卖出 132 头，收益 50 万元。腊月山三村的集体经济进一步壮大。

腊月山三村的集体经济，除了藏香猪养殖，还有 2016 年通过工程建设征收土地占用补偿收入的村集体经济金额 2000 元，实现了全村人均 10 元的标准；另外，腊月山三村党员示范项目养殖藏鸡已经成功，其销售收入的 10% 提留为集体经济，已经销售了部分藏鸡，估计销售额在 6000 元，可提留 600 元，更加壮大了腊月山三村的集体经济来源。

腊月山一村的集体经济，也是在 2016 年实现了从无到有的变化。当年一村通过租赁老村级活动室给外来施工单位，获得租金 2000 元。2016 年 10 月，腊月山一村村集体成立了王家湾养殖合作社，计划通过仔猪繁育作为村集体经济的主要来源。合作社的现有资产为 15 万元，还没有销售收入。

第三节 腊月山村村庄建设与治理

一 腊月山村的村级财政状况

村庄的财政状况决定着村庄的建设和治理。如果村庄负债累累，那么不但村庄建设无法进行下去，村庄治理也没有办法贯彻。从表 3-5 可以看出，腊月山村三个村的村级财政都做到了收支平衡，村财务收入都等于或稍多于村财务支出。比较而言，腊月山三村得到的上级补助是最少的，但是这并不包括腊月山三村从定点扶贫单位四川省国土资源厅获得的专项扶贫款，也不包括丹巴县政府提供的专项扶贫资金。

表3-5　腊月山村三个村村级财政状况

类别	腊月山三村	腊月山二村	腊月山一村
村财务收入			
上级补助（元）	67240	99854	94056
发包机动地收入（元）	975.6	0	461.04
合计（元）	68215.6	99854	94517.04
村财务支出			
水电费（元）	0	30000	30000
困难户补助费（元）	19240	21854	16056
修建道路（元）	28000	30000	30000
修建水利（元）	5000	18000	18000
环保费用（元）	15000	0	0
合计（元）	67240	99854	94056
集体债权			
农户欠款（元）	9765.49	42778.75	993.36
集体资产			
办公楼设施建筑面积（平方米）	386	0	110
未承包到户集体耕地面积（亩）	47.3	0	0

资料来源：腊月山一村、二村和三村的村表。

从村财务支出可以看到，腊月山村三个村的支出都主要用在困难户补助费、修建道路和修建水利上。不同的是，腊月山三村没有水电费的支出，这是因为三村的村委会办公场所的面积远远超过腊月山一村，但是直到2016

年 11 月才落成。腊月山二村没有盖专门的办公楼，而是借用了以前的村小（见图 3-4）。因为撤点并校，2011 年之后原来的校舍就空置了。因此，腊月山二村的水电费也高达 30000 元。

图 3-4 腊月山二村借用的空置村小

腊月山村三个村的村集体都没有欠债，但是农户欠款，腊月山二村高达 42778.75 元，是腊月山三村的 4 倍，更是腊月山一村的 40 倍以上，这可能是因为腊月山三村和一村是贫困村，村民有更多的收入来源，或者说有更多的津贴。

二 腊月山村基础设施与公共服务

腊月山村三个村在 2016 年都实施了通村通畅工程，村中都新建了宽度为 3~4 米的通村水泥路面，而且加堡坎、挡墙、桥梁、护栏等。因为腊月山村地处半高山、高山地带，特别是腊月山三村，土层薄、坡度大，容易出现滑坡和泥石流，所以堡坎、挡墙、护栏等附加设施对于保证这些新修的村道畅通十分重要（见图3-5）。如表3-6所示，村内通组到户的公路，虽然三个村长度不同，但实际上腊月山一村的未硬化路面是最少的，这可能和一村的地理位置有关。由于一村和三村都属于贫困村，这两个村的村内都有可用路灯，但是非贫困村的腊月山二村则没有。

图3-5　腊月山三村硬化前村道

表3-6　腊月山村三个村社区设施与公共服务

类别	腊月山三村	腊月山二村	腊月山一村
道路交通			
通村道路主要类型	水泥路	水泥路	水泥路
通村道路路面宽度（米）	3~4	3~4	3~4
通村道路长度（公里）	7	9	4.7
村内通组道路长度（公里）	5	5	2.4
村内通组道路未硬化路段长度（公里）	0.9	0.7	0.68
村内是否有可用路灯	是	否	是

类别	腊月山三村	腊月山二村	腊月山一村
电视通信			
村内是否有有线广播	否	否	否
使用卫星电视户数（户）	43	50	58
村委会是否有联网电脑	否	否	否
使用有线电视户数（户）	47	50	58
家中没有电视机户数（户）	0	0	2
家中未通电话也无手机户数（户）	0	0	1
使用智能手机人数（人）	130	130	130
手机信号覆盖范围（%）	60	85	100
医疗设施			
全村卫生室数（个）	1	0	1
如无，最近卫生室、医院距离（公里）	—	12	—
全村医生人数（人）	1	0	1
生活设施			
已通民用电户数（户）	45	50	60
民用电单价（元/度）	0.4	0.4	0.4
村内垃圾池数量（个）	4	0	3
集中处置垃圾所占比例（%）	20	0	20
集中供应自来水（%）	95.7	95.7	100
饮水困难户数（户）	2	2	0
居民住房情况			
户均宅基地面积（平方米）	129	129	129
楼房所占比例（%）	93.6	94	93.6
社会保障			
参加新型合作医疗户数（户）	47	52	60
参加新型合作医疗人数（人）	178	191	175
新型合作医疗缴费标准［元/(年·人)］	150	150	150
参加社会养老保险户数（户）	47	38	35
参加社会养老保险人数（人）	90	61	52
低保人数（人）	30	28	17
五保供养人数（人）	3	4	2
当年全村获得国家资助总额（万元）	6.05	5.69	0

类别	腊月山三村	腊月山二村	腊月山一村
农田水利			
近年平均降水量（毫米）	600	600	600
主要灌溉水源	雨水	雨水	雨水
正常年景水源是否有保障	否	否	否

资料来源：腊月山一村、二村和三村的村表。

　　腊月山村三个村的农户户数不多，但是居住极为分散，因此三个村都没有设置有线广播。村里消息的通知主要依赖手机联系，或者村干部走门串户。电视收看主要依靠卫星电视和有线电视，只有少数的农户没有使用，这些农户多是常年在外打工，没有在村中居住。虽然村委会没有联网电脑，但是现在智能手机的普及，使当地农民上网根本不需要依赖电脑。另外，因为地处大山深处，所以手机信号覆盖范围有限，实际上手机没有信号的情况还是时常发生的。当地村干部告诉我们，很多时候通知什么消息基本上还是靠喊，手机几乎成了一个摆设。虽然增加了基站，但是基站的设置没有考虑到当地的实际需求，并没有在多大程度上改善手机信号覆盖范围。

　　腊月山村三个村大部分都已通民用电，少数没有通电的农户都是很少在村内居住。腊月山村的电费不高，4毛钱一度电，低于全国大部分地区，再加上农户有节约用电的习惯，腊月山村的农户在这方面开支不大。腊月山三村和一村都修建了垃圾池，而且带有藏族建筑的特点，如图3-6所示。但是垃圾池数量有限，农户居住分散，很多农户实际上离垃圾池很远，丢弃垃圾非常不方便，有限的几

图 3-6 腊月山三村的垃圾池

个也没有真正发挥作用。无论是三村，还是一村，村内垃圾集中处置的比例实际上都只有 20%，这个还应该是往高估计的。更多垃圾处理，还是采用传统的方法随地丢弃，给当地环境造成了很大的污染。腊月山村三个村基本上都是集中供应自来水，都是通过受到保护的井水实现自来水供应的。少数饮水困难的农户都是居住极为偏僻。村民的日常燃料都是随地可以捡拾的木柴，由于"幸福美丽新村"等项目，太阳能热水器等也进入了腊月山村的村民的生活（见图 3-7）。

腊月山村的三个村，除了一村有部分汉族家庭之外，二村和三村都是纯藏族村寨，因此这些村庄的村民住房都是传统的藏房，基本上都是木石结构的楼房。一层矮小潮湿，主要用于圈养家禽家畜；二层为锅庄、厨房，还有吃饭、休息的客厅；三层及以上是经堂、卧室等，最上面的一层为晒场。许多藏民新居从外表看非常相似，但是内里的

图 3-7 太阳能热水器

粉刷装饰、家具摆设等存在着很大的差异。因此，腊月山村的三个村基本上都是楼房，只有极少数平房。而每户的宅基地面积都达到了 129 平方米。

　　医疗室是四川省贫困村"摘帽"的一个必要条件，因此腊月山一村和三村在新修建的办公场所中都设置了医疗室。而不属于贫困村的腊月山二村则没有医疗室，最近的医疗室在 12 公里之外，而且这是指盘山公路的距离，而不是 12 公里公路，所以需要花费的时间更长。一村和三村各有一名医生，这些医生都有行医资格证，但不是全科医生，只能够应对头疼脑热等小毛病。更为严重的疾患还必须到乡镇医院或者丹巴县医院。由于地处高寒地带，寒冷潮湿，当地的老年居民多患有大骨节病，手指扭曲变形，疼痛难忍，难以治愈。

　　除了这些生活设施，腊月山村的三个村没有什么基本农田水利设施，耕地的灌溉基本上都依赖于雨水。近些年平均降水量为 600 毫米，和中国平均降水量水平类似。由于没有其他水利设施，而腊月山村所在的甲布山山高坡陡，土壤石块含量较多，不易储藏水分，特别是海拔在 2800 米以上的腊月山三村，再加上低温，所以农作物的产量非常低。

从社会保障来看，腊月山村的三个村大部分都参加了农村新型合作医疗，但是缴费的档次不高，人均每年 150 元。参加社会养老保险的人数相对较少。而村级层面提供的低保人数和农户摸底调查获得的资料不一致，特别是二村和一村的资料。五保供养的人数，三个村都非常少，说明村庄这方面的负担还不重。

三 腊月山村村庄治理与基层民主建设

村庄的治理，有赖于村"两委"和地方精英。从表 3-7 我们可以看到，腊月山村三个村的支部书记和村委会主任都属于较为年轻的，特别是腊月山二村的村支书和村委会主任。他们都受过一定的教育，最高的是高中，但是支部书记和村委会主任的受教育程度都没有高中的。现在村干部的工资已经有了大幅提升，但是相比于他们外出打工能够赚到的钱，不少村干部声称他们宁愿不当这个村干部。特别是 2015 年开始精准扶贫之后，村干部的工作量加大了，各种项目也增加了，原来一年能够离开 2~3 个月的村支书，都被困在了村里的事务中。在后面有关扶贫部分，我们会进一步分析腊月山村三个村的项目和村干部的工作。

表 3-7　腊月山村三个村"两委"的构成

类别	职务	性别	年龄（岁）	文化程度	党龄（年）	交叉任职	工资（元）	任职届数	任职前身份
腊月山三村	支部书记	男	49	初中	18	无	19680	7	村民
	村委会主任	男	42	小学		无	18240	1	村民
	村委委员	男	59	高中		无	16800	10	村民
	村委委员	男	48	初中		无	10920	1	村干部
	村委委员	男	62	小学		无	10920	2	村干部
腊月山二村	支部书记	男	43	初中	9	无	19680	1	村民
	村委会主任	男	40	初中		无	18240	1	村民
	村委委员	男	59	高中		无	16800	12	村民
	村委委员	男	48	初中		无	10920	1	村干部
	村委委员	男	52	初中		无	10920	2	村干部
腊月山三村	支部书记	男	52	初中	16	无	19680	2	支部书记
	支部委员	男	58	小学	23	无	10920	2	支部委员
	村委会主任兼支部委员	男	64	小学	4	有	18240	4	村委会主任
	村委委员	男	60	高中		无	16800	10	村委委员

资料来源：腊月山一村、二村和三村的村表。

在腊月山村，究竟是什么样的人能成为村干部呢？他们在村庄治理中发挥着什么样的作用？我们从腊月山三村毛书记的访谈中可以一窥究竟，他是三个村村支书任期最长的一位。毛书记是家中的独子，1985 年初中毕业后，和表弟一起到甘孜州石渠县打工，后来跟着亲戚去了道孚县。先是做点小活，砍木头、修堡坎，再从老板那里分包活。在道孚做了几年，回来后在牛场代了三年课。1992年，半扇门乡建电厂，招工培训，考了第二名，就在电厂做了 7 年的会计。电厂被水冲垮了，就出来自己借钱买了个大车开始搞运输，在阿坝州的若尔盖、红原，后来又到石渠开车。从石渠回来以后，又到甘孜县去，承包点小工程，搞牧民新居，干了几年。1996年，毛书记被选为村支书，那时候他才29岁，受教育程度也算高的，而且在外面跑了那么多年，经验比较丰富。2015年之前，他都是边当村支书，边到外面承包工程，带着村里的人一起到外面打工，只要愿意出去的都可以跟着他。2015年开始搞精准扶贫，村支书就走不了了。虽然每年有将近20000元的收入，但是和他以前在外承包工程赚的钱相差很远。

从毛书记的个人简历可以看出，腊月山村的村干部，除了有一定的文化程度，都是在外面闯荡过的，都是有过打工经历的。他们虽然只是一个村的村干部，但是他们的眼界和想法已经不拘泥于这个村庄，有更广的见识和更多的想法，特别是他们其中的带头人，都是比较出色的人。毛书记在村上有房子，妻子是腊月山二村的，但是他为了两个孩子读书，一般都住在县城，每天往返于县城和村里。我们跟着毛书记走村串户（见图3-8），他对于每户的情况都了如指掌，对于村里的各种事情如数家珍，对于村里未来的规划也有很多设想。遇到村民就会就村里的事情询问一下他们的看法，在任何一家村民家中，几位村干部碰上了就会讨论一下村中的事情，商量一下下一步该怎么办，或者带着需要村民签字的表格随时让村民签字。腊月山三村，是四川省国土资源厅在丹巴县的定点扶贫村，因此获得的各种项目很多，接

图 3-8　和毛书记讨论村里的情况

待国土资源厅人员来考察的时间也很多，接受网络、电视、报纸等媒体采访的机会也很多，毛书记面对这一切都已经游刃有余。

　　表 3-8 为腊月山村三个村的村庄治理结构。这三个村党员的数量都不多，比例都比较低，三村的比例为3.65%，二村为4.83%，一村为4.46%。而且，党员中，50 岁以上的有相当的比例，特别是腊月山一村，几乎都是 50 岁以上的党员。而从文化程度来说，高中及以上受教育程度的党员人数很少。村委会人数、党员代表会议人数都是按照规定来的，而且基本上没有在村"两委"交叉任职的。村民代表人数都占了全村的大多数，因为没有什么集体经济和集体资产，所以村务监督委员会和民主理财小组基本上都没有，除了腊月山二村有一个民主理财小组。

表 3-8　腊月山村三个村的村庄治理结构

类别	腊月山三村	腊月山二村	腊月山一村
全村中共党员数量（人）	7	10	9
50 岁以上党员人数（人）	3	2	8
高中及以上受教育程度党员人数（人）	2	1	1
是否有党员代表会议	是	是	是
党员代表人数（人）	7	10	9
属于村"两委"人数（人）	5	2	2
党小组数量（个）	1	1	1
村支部支委会人数（人）	1	1	2
村民委员会人数	4	4	4
村"两委"交叉任职人数（人）	0	0	1
村民代表人数（人）	154	165	
其中属于村"两委"人数（人）	6	3	2
是否有村务监督委员会	否	否	否
是否有民主理财小组	否	是	否
民主理财小组人数（人）	—	3	—
属于村"两委"人数（人）	—	3	—

资料来源：腊月山一村、二村和三村的村表。

腊月山村的三个村最近两届村委会的选举是 2013 年和 2016 年，但是腊月山三村填写的是 2010 年和 2013 年的两届选举，前一届有选举权人数和实际参选人数是一样的，村主任的得票率是 96%；后一届有选举权人数和实际参选人数是一样的，村主任的得票率是 100%。村支书和村主任都不是一肩挑，有秘密划票间，大会唱票选举，没有流动投票。腊月山二村，2016 年的选举，实际参选的人都参加了选举，村主任的得票数为 76.97%；2013 年，实际参选人数是有选举权人数的 86.21%，村主任的得票率是 96%。村支书和村主任都不是一肩挑，有秘密划票间，大会唱票选举，没有流动投票。腊月山一村没有提供相关资料。

四 腊月山村教育、科技和文化

腊月山村三个村的人数不多，因此处于学龄前的儿童不多，上小学和中学的儿童也不多。三个村庄孩子原来所上的小学都是位于腊月山二村的村小，这个村小于 2011 年被撤销。撤点并校给许多农户的孩子上学带来了困难，增加了经济上的负担，但是对于腊月山村的孩子来说，原来到二村来上小学就是跋山涉水，因为这些农户都住得很分散，虽然小学从山上看下去就可能看到，但是走路却要绕行很远；有的农户就根本看不到，在山的另外一边。所以孩子上学放学还是要接送，一样会给家庭和父母带来负担。我们在调查的过程中，听说几个村要一起办幼儿园，但是当地的村民或者村干部，对此并不全是持赞同的态度。

他们认为如果在村里面建小学或者幼儿园，老百姓或者孩子们可能方便了，但是老师工作是不安心的。有正规教师资格证的老师可能不会愿意到村小或者村幼儿园教书，而那些没有资格证的老师，他们也不放心把孩子交给这些老师。而且，硬件会比中心校差很多，教学品质也不一样，学生学到的东西也不一样。他们觉得从丹巴城小读出来和乡下读出来的娃娃成绩是不一样的，他们认为集中办学还是更好的。有些家庭把孩子送到县城去上学，虽然父母可能需要陪着，但是父母也可以在那边打工，边赚钱边接送孩子。

从表3-9我们可以看到，腊月山村的学龄前孩子都上幼儿园或者学前班了，而幼儿园或者学前班的收费都极为低廉。而到了小学阶段，大部分都是在半扇门乡中心小学上学，已经有孩子随着父母到县城上学了（人数最多的是腊月山二村）。而在乡中心小学上学的孩子全部住校。到了中学阶段，大部分孩子也是在半扇门乡中心中学上学，而且全部住校。有孩子到县城上中学，更有孩子跟随父母到外地上学。这些在乡镇上学的孩子，一般都是每周回家一次。全住宿对于小学和初中阶段孩子的影响，可能需要专门的进一步研究。

表3-9 腊月山村三个村的教育状况

类别	腊月山三村	腊月山二村	腊月山一村
学前教育			
本村3~5周岁儿童人数（人）	4	6	4
当前3~5周岁儿童不在学人数（人）	0	2	0
本村幼儿园数（个）	0	0	0
幼儿园在园人数（人）	2	2	4
幼儿园收费标准（元/月）	5	5	5
学前班在学人数（人）	2	2	0
学前班收费标准（元/月）	5	5	5
小学阶段教育			
本村小学阶段适龄儿童人数（人）	11	14	14
在乡镇小学上学人数（人）	10	10	12
乡镇小学中住校生人数	10	10	12
在县市小学上学人数（人）	1	4	2

类别	腊月山三村	腊月山二村	腊月山一村
初中教育阶段			
乡镇中学离本村距离（公里）	16	12	5.5
在乡镇中学上学人数（人）	8	8	7
其中住校生人数（人）	8	8	7
中学是否提供免费午餐	是	是	是
在县城中学上学人数（人）	1	0	0
去外地上学人数（人）	2	2	0
村小学情况			
本村是否有小学	否	否	否
如无小学，原小学哪年撤销	2011 年	2011 年	2011 年
最近小学距离本村距离（公里）	16	12	8

资料来源：腊月山一村、二村和三村的村表。

　　腊月山村三个村，除了一村有部分汉族家庭，二村和三村都是纯粹的藏族村落。而且从《丹巴县志》中我们也可以看到，丹巴的藏族多聚居于半山、半高山及高山草地牧场，大多信奉原始宗教（苯教）或藏传佛教。我们在腊月山二村看到的白塔，在许多藏民的屋前看到的嘛呢旗（见图 3-9），在藏民家经堂中看到的供奉，都说明腊月山村的藏民依然有着自己的宗教信仰，只是农区的藏族村寨宗教气氛没有牧区的藏族村寨那么浓厚（见表 3-10）。附近半扇门乡喇嘛寺村的曲登沙寺，也被称为小金喇嘛寺，依然有喇嘛在寺中修行，也是当地藏族群众最为重要的宗教活动场所之一。

图 3-9　腊月山二村的白塔和经幡

表 3-10　腊月山村三个村的文化、科技和宗教情况

	腊月山三村	腊月山二村	腊月山一村
是否有农民文化技术学校	否	否	否
村内举办农业技术讲座次数（次）	6	5	6
村民参加农业技术培训人次（人次）	1	2	90
村内图书室、文化站个数（个）	1	1	1
图书室、文化站活动场地面积（平方米）	60	50	
棋牌活动场所（个）	1	0	1
村民最主要的宗教信仰	无	无	无
是否有寺庙等宗教活动场所	否	否	否

资料来源：腊月山一村、二村和三村的村表。

在杨全富的文章中，其更加细致地描绘了腊月山村的嘉绒藏族，在正月初八这天还要登上该村上方的最高峰——八古峰，用祈祷、祭祀、坝坝宴等方式欢度佳节（见图 3-10）。这也是一种宗教活动和宗教仪式，是当地藏民生活的重要组成部分。

图 3-10 正月初八转经

第四章

腊月山村现状：农户层面

这一部分，我们将根据调查问卷来分析腊月山村农户层面的现状。我们的调查囊括了腊月山一村、二村和三村。这三个村一共 160 户 601 人，其中 2014 年建档立卡贫困户 44 户（见表 4-1）。最后，我们在三个村中抽取并调查了 78 户，其中（曾经）建档立卡贫困户 36 户，剩下的 8 户贫困户或者因为当时不在村里，或者因为当时在高山牧场，徒步要一天以上才能够到达，所以没有被囊括在调查之中。

表 4-1　腊月山村三个村历年建档立卡贫困人口变动情况

类别	2014 年	2015 年	2016 年	2017 年
腊月山三村	17 户 53 人	16 户 52 人	16 户 52 人	0 户 0 人
腊月山二村	15 户 51 人	14 户 49 人	12 户 43 人	8 户 33 人
腊月山一村	12 户 37 人	11 户 36 人	10 户 34 人	0 户 0 人
合计	44 户 141 人	41 户 137 人	38 户 129 人	8 户 33 人

资料来源：腊月山村三个村建档立卡贫困户明白卡。

第一节　腊月山村居民生产与生活现状

一　家庭人口特征

　　我们在问卷调查中，询问的是家庭人口，所以被访者回答的人口中，既有家庭常住人口也有家庭非常住人口，既有本户户籍所在人口也有户籍不在本户的人口。其中，5.5%的家庭人口户籍不在本户，24.3%的家庭人口不是常住人口。从家庭规模来看，家庭人口的均值为3.97人，户籍人口均值为3.77人，常住人口的均值为2.99人。总体来说，腊月山三村的家庭人口均值，和《丹巴统计年鉴》中所记载的藏族家庭平均每户4~5人极为接近，而实际的户籍人口或者常住人口，都小于家庭人口规模。而由于腊月山村的农户多外出打工，所以常住人口远远低于户籍人口。

　　我们所调查的样本中有36户建档立卡贫困户。如果把样本分成建档立卡贫困户和非建档立卡贫困户，如表4-2所示，我们发现无论是家庭人口，还是户籍人口或者常住人口，建档立卡贫困户都小于非建档立卡贫困户。这说明人口对于家庭是否贫困并没有确定的正向作用，主要取决于人口的年龄和劳动力、教育水平等，也就是说取决于人口的人力资本。如果人力资本能够给家庭带来收入，而不只是家庭的消费者，那么这样的人口越多，家庭可能会更为富裕。

表4-2　腊月山村被访农户家庭规模

类别	家庭人口	户籍人口	常住人口
建档立卡贫困户	3.67	3.56	2.61
非建档立卡贫困户	4.24	3.95	3.31
合计	3.97	3.77	2.99

说明：本书统计图表，除特殊标注外，均来自腊月山村调研。

资料来源：精准扶贫精准脱贫百村调研—腊月山村调研。

在所有家庭的人口中，藏族的比例最高，为92.5%；汉族的比例次之，为4.9%，还有2.6%的羌族人口。除了2人，几乎所有的人都是农村户口。

从受教育程度（见图4-1）来看，文盲的比例还是相当高的，接近20%。比例最高的是小学文化程度，高达35.02%，加上文盲的比例，超过了所有人口的一半。但是，如表4-3所示，受教育程度和年龄是密切相关的。2000年之后出生的，基本上都还在读书，所以还不能说

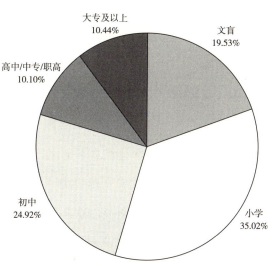

图4-1　腊月山村被访农户家庭成员受教育程度分布

是家庭成员的受教育程度。但是 1980~1999 年出生的和 1960~1979 年出生的，受教育程度形成了鲜明的对比。这一方面说明了四川高原藏区的教育事业有了极大的发展，另一方面也说明当地村民对于教育的重视。

表4-3　腊月山村被访农户家庭成员受教育程度和出生年份交互分类

单位：人

出生年份分组	文盲	小学	初中	高中/中专	大专及以上	合计
2000 年之后出生	4（10.5%）	18（47.4%）	12（31.6%）	3（7.9%）	1（2.6%）	38（100%）
1980~1999 年出生	3（3.6%）	12（14.5%）	17（20.5%）	21（25.3%）	30（36.1%）	83（100%）
1960~1979 年出生	21（19.4%）	47（43.5%）	35（32.4%）	5（4.6%）	0（0.0%）	108（100%）
1959 年及以前出生	30（47.6%）	23（36.5%）	9（14.3%）	1（1.6%）	0（0.0%）	63（100%）
合计	58（19.9%）	100（34.2%）	73（25.0%）	30（10.3%）	31（10.6%）	292（100%）

受教育程度是一种重要的人力资本，这也是四川高原藏区实施"9+3"教育扶贫，大力投资于教育的动因之一。如表4-4所示，我们把所有的家庭成员分成建档立卡贫困户和非建档立卡贫困户，而且限定年龄都在 18 岁及以上，我们没有发现非建档立卡贫困户的家庭成员受教育程度更高，相反建档立卡贫困户中"高中/中专"和"大专及以上"学历的比例更高。这个可能的解释就是如表2-3所示，腊月山村一村和三村有 11 户农户致贫的重要原因之一就是"因学"致贫。四川高原藏区义务教育阶段全部

免费，这个"因学"致贫的"学"可能就是"高中/中专"和"大专及以上"阶段。

表4-4 腊月山村被访农户家庭成员受教育程度和是否贫困户交互分类

单位：人

是否贫困户	文盲	小学	初中	高中/中专	大专及以上	合计
建档立卡贫困户	28（25.7%）	32（29.4%）	21（19.3%）	12（11.0%）	16（14.7%）	109（100%）
非建档立卡贫困户	26（17.9%）	50（34.5%）	40（27.6%）	15（10.3%）	14（9.7%）	145（100%）
合计	54（21.3%）	82（32.3%）	61（24.0%）	27（10.6%）	30（11.8%）	254（100%）

注：家庭成员的年龄大于或等于18岁。

如表4-5所示，在我们调查的被访农户家庭成员中，知道其婚姻状况的18岁以上的成员中，未婚的比例也是相当高的，总体的比例为29.10%，男性的比例为37.88%，女性的比例为18.75%。而未婚男性的平均年龄将近33岁，未婚女性的平均年龄也超过了27岁。这个结果部分印证了有关农村婚姻挤压的研究，也验证了在调查中，听到村民谈及村里有一些"光棍"，年纪很大了也娶不到媳妇的说法。其中的原因之一就是贫困。因此，我们对于未婚者进行了进一步分析，发现建档立卡贫困户中未婚男性的平均年龄的确更大，为33.42岁；而非建档立卡贫困户中未婚男性的平均年龄稍微小一些，为31.67岁。

表 4-5　腊月山村被访农户家庭成员不同婚姻状态的平均年龄

单位：人，岁

婚姻状况	男性		女性	
	个案数	平均年龄	个案数	平均年龄
未婚	50	32.58	21	27.24
已婚	75	52.05	82	50.68
离婚	0	—	1	38.00
丧偶	7	66.71	8	65.50

二　生活条件

（一）住房

对于一个家庭来说，住房是最为重要的生活设施。正如前面分析的那样，因为以藏族为主，腊月山村的住房多是传统的藏房，基本上都是木石结构的楼房，至少有三层。我们在腊月山村调查的时候，目之所及也都是充满着藏式风格的楼房，比内地很多贫困地区住房条件都好很多，至少从外观上来看是这样的。在调查中，也发现了一两栋废弃的藏房，但即使是这样，也能看得出来是楼房而不是平房。这可能也是我们在调查中，发现被访者对于当前住房情况，17.9% 感到满意，48.7% 感到比较满意的原因。当然，还有 33.4% 的被访者感到不太满意甚至很不满意。

腊月山村的摸底调查户表数据包括三个村所有农户的所有住房情况。根据这些数据，我们整理出表 4-6。如表 4-6 所示，腊月山三村的危房户是最少的，大部分危房户都进行了危房改造，其中 57.89% 危房改造户还被纳入了藏民新居的项目。而腊月山二村的危房户比例为42.59%，腊月山一村危房户的比例为47.46%。腊月山村总体的危房比例为32.5%。

表4-6　腊月山村三个村房屋状况

单位：户

类别	总户数	非危房户	危房户	危房改造户	藏民新居户
腊月山三村	47	8	1	38	22
腊月山二村	54	2	23	29	—
腊月山一村	59	6	28	25	—

资料来源：根据2015年腊月山村三个村的摸底调查户表数据整理。

被访的农户中，认为自己的房子是危房的比例比摸底调查户表的数据低得多，只有7.8%说自己的房子是政府认定的危房，5.2%说自己的房子虽然没有认定，但是也属于危房，两者相加也没有摸底调查户表得出数据的一半。这一方面可能是样本偏差的原因；另一方面可能是因为在不同的调查中，被访者对调查目的理解不同，给出了不同答案。还有1户说是租用别人的房子，2户说是借用别人的房子。

和我们调查过程中所看到的一致，98.7%的被访者都说自己的房子是楼房。66.2%的房子是2000年之后改的，40.5%的房子是2010年后改的，这些都可能和危房改造或藏民新居的项目有关。根据腊月山村的村表资料，三个村的宅基地面积都是户均129平方米，我们调查的农户中，房屋建筑面积平均为151平方米，最多的有400平方米。69.2%的房屋都是石木结构，21.8%的房屋为钢筋混凝土结构，砖瓦砖木结构的只有5.1%，竹草土坯结构的为3.8%。后面两种应该多为危房。

（二）生活设施

腊月山村地处高寒山区，我们四月去调研的时候还遇上下雪。因此，对于村民来说，取暖设施是最为重要的生活设施。我们调查的农户中，83.1%的家庭都是用炉子取暖的。他们取暖的炉子经常是和烧饭的灶台在一起的，做饭的时候就顺便取暖了。我们那次访谈遇上下雪，最后都是和当地村民挤在厨房取暖聊天。而其他地方取暖，经常使用电暖炉（见图4-2），因为腊月山村的电费相对来说还是比较便宜的。腊月山村村民做饭时主要用的燃料还是柴草。

图4-2　访谈时用电暖炉取暖

腊月山村水源充足，没有缺水的情况，几乎所有的家庭都有管道供水入户，基本上实现了在户取水。因此，腊月山村的村民有可能使用洗衣机、沐浴设施以及卫生厕所。在被访的农户中，大约有一半（42.3%）的农户家里没有沐浴设施，而有沐浴设施的农户中有53.8%用的是太阳能，因为丹巴日照、光辐射充足，平均日照时间2106.9小时，年平均总辐推算为 124.4 千卡 / 厘米^2，大大高于成都平原同纬度的金堂县。[①] 根据被访者的回答，虽然具备了使用卫生厕所的条件，但是村民基本上还是使用传统旱厕，而且按照藏房的习惯，传统旱厕的入口多是在三楼。

从村表的资料可以看到，腊月山村一村和三村都建有垃圾池，但是垃圾集中处理的比例大概为 20%。另外，被访者中有 43.7% 的家庭是把垃圾送到垃圾池中，还有 9.9% 是定点堆放，45.1% 的是焚烧，只有 1 户说垃圾是随意丢弃的。这个结果比村表估计的情况好一些，我们在村庄中观察到的垃圾随处丢弃的场景也不是很普遍，但是真实情况还需要进一步深入的调查。而生活污水的处理就比较随意了，14.1% 的家庭是院外沟渠排放，78.2% 的家庭是随意排放。按照图 4-3 中洗衣机所在的位置，衣物洗完之后

图 4-3　阳光下的洗衣机

①　四川省丹巴县志编纂委员会：《丹巴县志》，民族出版社，1996，第 96 页。

的污水可能也就随意排放了。腊月山村人少户少、居住分散，这种污水排放对于环境的影响应该是有限的。

三 劳动与就业

在腊月山村的村民中，除了腊月山三村的3户牧民之外，其余都是以农业生产为主。而腊月山三村的牧民，解放前就是放牧的，在村里没有土地。在人民公社的时候，所有的牛羊都要收归集体，这几家牧民就负责放牧。1984年之后，这些牛羊就都分给他们了。虽然草场还是集体的，没有承包给个人或者牧户，但是牧户之间私下都有协议和默契。这几家牧民养殖的牦牛都不超过200头。虽然养牛的收入比较多，但是草场面积有限，承载量有限。超过承载量，牲畜就容易饿死或者病死。这个农牧交错地带，不像牧区有贷款购买牦牛的优惠政策，需要靠自己积蓄来购买小牦牛。

在腊月山村我们调查的农户的家庭成员中，只有24.1%曾经外出务工，其余的都是在家务农或者操持家务等。而在外出务工的人当中，5.6%是在乡镇内务工，4.1%在乡镇外县内务工，13.2%在县城外省内务工，1.1%是在外省务工。也就是说，外出务工比例最高的是在省内县外，这和我们访谈中获得的资料是一致的，腊月山村的村民经常到甘孜州的其他县域打工，比如到经济更为发达的州府所在地康定打工，或者到经济更为落后的道孚、石渠等地方跑运输、承包工程等。而随着丹巴县内的经济发展，各种项目和工程的增多，在县内甚至乡内务工的比例也增多了。

如果从劳动的时间来看，我们调查农户的主要劳动力，2016年的平均劳动时间为213天，在本地自营农业劳动时间为140天，本地自营非农业劳动时间为4天，本地打零工的时间为23天，本地乡镇有固定工资的就业12天，县内本乡镇外打工或自营11.5天，省内县外打工或自营22天，省外打工的时间基本为0。从这个时间来看，腊月山村村民总体来说还是在村里务农的时间比较多。但是，如果分析被访农户家庭成员的外出务工时间，可以发现在这些外出务工的人当中，外出时间为6~12个月的为52.2%，3~6个月的为16.4%，3个月以下的为31.3%。也就是说，真正外出务工的人员还是以务工为主业，而不是务工和务农兼顾。而且，从后面的分析会看到，虽然平均来说，外出务工的时间短，但是带来的收入更多。

如图4-4所示，被访家庭主要劳动力外出务工所从事的行业集中在建筑业，其次是农林牧渔、住宿和餐饮业。

四　收入和支出

这一部分我们分析家庭层面的收入和支出。从表4-7可以看到，腊月山村被访家庭2016年的收入还是相当高的，平均收入为31296.5元，收入中位数为28804.5元。从方差来看，腊月山村被访农户收入差异很大。因为每户

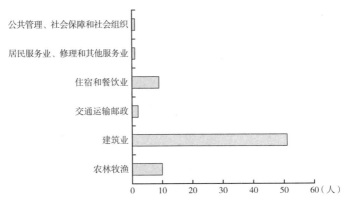

图 4-4　腊月山村外出务工者从事行业分布

家庭人口不一样，如果从人均收入来看，常住人口的人均收入是 13256 元，中位数 9125.8 元；户籍人口的人均收入是 9447.5 元，中位数 7189 元；家庭人口的人均收入是 8804 元，中位数 6582.7 元。无论是按照哪一种人口数计算的收入平均数或者中位数，都高于我们前面根据农户摸底调查数据所得到的收入。

表 4-7　腊月山村被访农户 2016 年家庭收入及收入构成

单位：户，元

类别	有效个案数	取值为 0 个案数	平均值	中位数	标准差	最小值	最大值
家庭纯收入	78	0	31296.5	28804.5	21407.7	3783	100912
工资性收入	78	23	11127.3	7983	12006.1	0	49200
农业经营收入	78	17	6006.7	3800	7320.0	0	35000
非农业经营收入	78	72	2487.2	0	10002.3	0	50000
赡养性收入	78	59	2356.4	0	6773.5	0	40000
低保收入	77	57	579.1	0	1696.3	0	10306
养老金退休金收入	77	45	655.1	0	1640.1	0	10000
医疗费报销	77	46	2676.1	0	5738.2	0	32000
礼金收入	76	70	3355.3	0	13200.7	0	70000
补贴性收入	77	2	7018.7	5447	5903.3	0	30000

从收入构成来看，腊月山村被访农户的收入可以分为劳动性收入、社会性收入以及政府补贴性或报销性收入。劳动性收入包括农业经营收入、非农业经营收入和工资性收入。工资性收入是最高的，将近占了家庭总收入的1/3。但是也有23户家庭没有工资性收入，也就是说没有人在外面打工，或者没有家庭成员承担公职。农业经营收入居第三位，但是也有17户家庭没有农业经营收入，这可能是因为家里没有劳动力能够从事农业生产，或者家庭劳动力都转向务工等非农就业。非农业经营收入的均值不低，但是只有6户家庭有这方面的收入。

社会性收入包括财产性收入、赡养性收入以及礼金收入。腊月山村的村民都没有提及有财产性收入。而赡养性收入，也只有19户家庭提及，这种收入和家庭成员的年龄存在密切关系。礼金收入户均额度不低，但是只有6户农户提及有这方面的收入。

政府补贴性或报销性收入，主要包括低保收入、养老金退休金收入、医疗费报销以及补贴性收入四种。补贴性收入的额度是排第二位的，比农业经营收入还高。和前面的分析一致，对于腊月山村的农民来说，政策补贴性收入是举足轻重的。低保金和养老金退休金的额度不高，有这方面收入的家庭也有限。低保金是和低保资格联系在一起的，而养老金退休金是和缴费额度联系在一起的。医疗报销的费用和贫困户的身份有密切的关系，我们进一步区分31户有医疗报销费用的被访农户，发现15户建档立卡贫困户报销的医疗费用均值为8586.53元；16户非建档立卡贫困户报销的医疗费用均值为 4828.69 元，两者存在着明显的差异。但是，医疗费用报销的多少和疾病以及实际花费密切相关，贫困户身份可能只是其中一个影响因素。

表 4-8 显示了腊月山村被访农户 2016 年的支出情况。生产性支出中，农业经营支出的均值为 1420.2 元，农业经营收入为 6006.7 元，农业给腊月山村农户带来的纯收入为 4586.5 元；非农业经营支出的均值为 1679.5 元，而非农业经营收入为 2487.2 元，非农业经营收入给腊月山村农户带来的纯收入为 807.7 元。两者相比较，农业经营带来的收入更多。这可能是腊月山村的农户很少选择非农业经营的重要原因。

表 4-8　腊月山村被访农户 2016 年家庭生活和生产支出

单位：户，元

类别	有效个案数	取值为 0 个案数	平均值	中位数	标准差	最小值	最大值
家庭生活支出	76	0	20357.1	16275	16371.0	760	87980
食品支出	77	0	4593.7	3000	3753.3	0	20000
医疗支出	77	33	5013.0	500	11056.7	0	60000
教育支出	78	32	5029.5	1030	7716.7	0	26800
养老保险费	77	18	213.3	200	185.4	0	1000
合作医疗费	78	10	429.6	465	256.6	0	1050
礼金支出	78	7	5157.7	4000	4079.3	0	16000
农业经营支出	78	26	1420.2	590	2428.0	0	12500
非农业经营支出	78	73	1679.5	0	8123.2	0	60000

从生活支出来看，2016 年腊月山村被访农户的平均生活总支出为 20357.1 元，加上生产性支出，也低于 2016

年这些农户的平均总收入。也就是说，腊月山村这些农户从总体上来说还是达到了收支平衡，而且略有结余。所以，被访家庭有 14 户承认家庭有存款，存款余额平均值为 4726.92 元。但是，也有 27 户农户提及家中有贷款，贷款的额度更高，平均值为 8717.11 元。而贷款的主要用途是孩子上学或者治病。这说明对于贫困的山村来说，上学和就医还是最重要的两个致贫因素。

这从生活支出的构成也可以看出，在腊月山村被访农户 2016 年的生活支出中，虽然被访农户家庭成员中 97.4% 参加了新农合，33.2% 参加了养老保险，但是养老保险和合作医疗的保费是小块，最主要的支出是四块：食品支出、教育支出、医疗支出和礼金支出，其中礼金支出是额度最高的，这说明即使在贫困山村，礼金往来已成为家庭的沉重支出负担。而且被访的 78 户家庭中，2016 年 71 户都有礼金支出，最高额度达到 16000 元。这在传统的熟人社会是不可避免的一项支出。在传统的农业社会，食物更多的是依靠自给自足。但是在现在的农村，已经无法依靠自给自足了。一方面，腊月山村地处高寒山区，耕地面积有限，农作物产量有限，特别是海拔最高的腊月山三村，即使是米面等主食可能也依赖购买；另一方面，除了主食、蔬菜、肉类等有可能依靠自给自足，但是更多的加工食品或者饮料，还有在乡镇县城生活等，都需要依靠购买。所以，腊月山村被访农户食品支出接近总支出金额的 1/4。

前面提及，贷款的最主要用途之一就是孩子上学，分析半扇门乡农户致贫原因的时候，因学致贫也是主要的因素。从2016年腊月山村被访农户的支出来看，教育支出也是其中最为主要的支出类别之一。调查的78户农户中，3~18岁的孩子有54人，有1个孩子超过18岁，但是他还在大学念书，家庭也需要教育方面的支出。从表4-9可以看出，在不同的就学阶段，家庭在教育直接费用（学费、书本费、住校费、在校伙食费等）、间接费用（交通、校外住宿伙食、陪读者费用等）和赞助费/借读费三个方面总的平均教育支出，义务教育阶段的中小学费用还是最少的，而幼儿园阶段的费用都超过了中小学。这还是每个孩子的教育费用，而被访农户中有18户有两个3~18岁的孩子，4户农户有3个3~18岁的孩子，对于这些家庭来说，教育的负担更加沉重。教育补贴方面，只有2户建档立卡贫困户拿到，1户拿到800元，另外1户有3个这个年龄段的孩子，教育负担沉重，三个孩子总共拿到4600元的补贴。

表4-9　腊月山村被访农户2016年家庭教育支出

单位：人，元

学习的阶段	人数	2016年平均教育支出
幼儿园	8	2684.75
中小学	34	2009.41
中等职业中学	4	9825
高中中专等	3	8200
高等职业中学	1	21600
大学	2	10100
没有读书	3	——
合计	55	3759.58

虽然有新型农村合作医疗，但是农户在医疗方面的支出依然占家庭总支出的很大一块。我们将在下文进一步分析医疗方面的支出。

五 健康与医疗状况

腊月山村地处高寒山区，海拔高，气候寒冷，但可能是因为常年居住在这个地区，84.4%的被访农户都对家庭周围的居住环境感到满意。虽然我们在调查过程中，感觉村庄的氧气稀薄，但空气还是很清新的，山泉水也很清澈，如图4-5所示。但是被访农户中还是有7.7%的人认为当地有水污染和空气污染，甚至有更为少数的人认为污染情况特别严重，被访者提及当地开办猪场和开发矿产，都

图4-5 山间清澈的溪流

对水和空气有污染。这可能说明被访者的感觉不仅仅局限于腊月山村，而指的是整个丹巴县。11.5%的被访者认为当地有噪声污染，这可能和当地建房建路的情况有关。

相对来说，认为土地有污染的被访者比较少，只有2.6%；而认为有垃圾污染的比例高达22.7%，这说明即使建有垃圾池也无法真正解决农村垃圾污染问题，因为一方面农民并没有培养出把垃圾送到垃圾池集中处理的习惯，更多的还是焚烧或者随地丢弃；另一方面虽然少量的垃圾集中在垃圾池或者某个地方，但是没有垃圾车把这些垃圾运送到山下去集中处理。

由于这些环境因素，还有地理位置导致的高海拔、寒冷、潮湿等因素，腊月山村村民的健康状况不容乐观。被访农户的所有家庭成员中，健康的为65.5%，但是有长期慢性病的为20.8%，患有大病的为6.1%，残疾的有7.1%。直接问及家中身体不健康的成员时，只有24.0%的家庭说家中没有不健康的成员，34.7%的家庭说家中有一位不健康的成员，33.3%说有两位，还有5.3%说有三位，2.7%说家中有四位不健康的成员。也就是说，76.0%的家庭都至少有一位不健康的成员，需要有医疗方面的花费。

从表4-10可以看出，腊月山村被访农户中不健康的家庭成员，虽然大部分在洗漱穿衣和日常活动等自理方面都没有问题，但是在行走方面有相当部分存在问题，而绝大部分都感觉身体某部位疼痛，情绪上感觉压抑的也超过一半。也就是说，这些不健康的家庭成员，不仅生理上不健康，心理上也不健康。

表4-10　腊月山村被访农户2016年家庭成员不健康状况

单位：%

类别	行走方面问题	洗漱穿衣问题	日常活动问题	身体是否疼痛	是否感到压抑
没问题	59	90	73	18	44
有点问题	23	4	8	28	34
有些问题	5	1	8	21	11
有严重问题	10	3	5	25	8
非常严重问题	3	2	6	6	2
合计	100	100	100	100	100

从腊月山村村民患病情况来看，除了前面提及的大骨节病，没有什么特殊的地方病，除了残疾之外，也主要是高血压、风湿、胆囊炎、胆结石、椎间盘突出等，比较严重的包括肝癌、重症肌无力、脑溢血、心脏病等。2016年腊月山村被访农户中有77人犯病，其中有64人采用了某种治疗方式，包括自行买药、门诊治疗、急救等方式，其中有些人可能采用了两种及以上的治疗方式。如图4-6所示，这些人犯病的时候采取的主要方式还是自行买药和门诊治疗，面临比较严重的情况则采取了住院或者急救的方式。

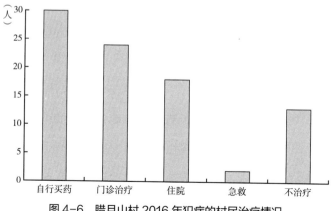

图4-6　腊月山村2016年犯病的村民治疗情况

从前面的家庭生活支出构成可以看到，家庭的医疗支出是其中最为重要的一块，差不多占了家庭总体生活支出的1/4。对于这64人，我们又专门询问了他们的医疗花费。他们医疗总支出的平均数为7352.03元，其中自费支出的部分为4656.88元，也就是说自费部分占医疗总支出的63.34%，超过一半的医疗费还是需要依靠农户自己来承担。虽然97%以上的农民都参加了新型农村合作医疗，但是能够报销的费用有限，医疗费用还是让农村居民陷于贫困的重要风险因素。完全由政府承担的就是7岁以下儿童的计划免疫，腊月山村儿童计划免疫的比例为100%。

六 安全与保障

丹巴县一直是地质灾害"博物馆"，是各种地质灾害高发区，这也是四川省国土资源厅把丹巴县作为对口帮扶单位的主要原因。国土资源厅在帮扶丹巴县的时候，除了土地整理，另外一个重点就是排查地质灾害隐患，提高丹巴县的地质灾害防治能力。但是，很多自然灾害是无法避免的。2017年6月15日，丹巴县遭遇了60年一遇的大洪灾，15个乡镇、92个村、31474人不同程度受灾，如图4-7所示。由于腊月山村地处高山和半高山，只有腊月山一村部分农户在山谷地带，所以没有遭遇直接的经济损失。但是连续的大暴雨，也给腊月山村村民的生产生活带来了很大的破坏性影响，其中最为重要的是通村通畅项目

图4-7 暴雨肆虐后的村庄小路

中修好的通村公路，因为暴雨导致的滑坡而被淹没，许多
地方都被土石淹没了，车辆等又无法通行，只能靠步行。
我们第一次做问卷调查的时候是2017年4月，第二次是
2017年9月。第二次正好看到了2017年夏季大暴雨给腊
月山村带来的灾害，到有些农户家中访谈只能依靠步行。
腊月山三村2016年底刚刚修好的猪圈门口的道路完全
塌方。

　　我们的大部分问卷调查都是在2017年4月完成的，
那时还没有遭遇2017年夏季丹巴的大暴雨。从腊月山村
被访农户的回答来看，只有10.8%回答2016年农业生产
遭遇自然灾害，平均估计损失为1773元；30.6%因自然
灾害的发生，带来一定收入的损失，出现农产品难卖的现
象或者价格下跌的情况，平均估计损失为2031.69元。

2016 年，腊月山村的被访农户中，只有 2.6% 家人遭遇意外事故，而只有 1 户遭遇偷抢等公共安全问题，3.8% 因自然灾害产生财产损失，14.1% 采用了安全措施（主要是养狗）。被访者认为当地总体治安还是不错的，天黑之后一个人走路非常安全，只有 2.6% 认为不安全。

从老年生活保障来说，腊月山村的村民中，57.7% 认为年老之后主要还是需要依靠子女养老。正如前面提及的，养老保险的参保率也远远低于新农合的参保率，不到 40%，但还是有 51.3% 的被访者认为养老主要依靠养老金，认为依靠个人储蓄的只有 3.8%，依靠个人劳动的也只有 10.3%。

第二节 腊月山村居民生产与生活的问题与需求

一 腊月山村居民在生产与生活中存在的问题

（一）公共服务的问题

腊月山村公共服务的主要问题集中在：一是基础设施损坏比较严重。受 2016 年"6·15"洪灾的影响，山区连续下雨几天，猪场、交通要道都遭到了重大的损坏。半山腰和山上出现多处塌方，虽然经过多次修缮处理，但是在修复的技术上、材料上以及人力上都出现了比较紧缺的问题。主要是因为没有专项资金，道路等基础设施建设主要依靠四川省国土资源厅的对口扶贫资金，但这些资金不包括之后的维护和修缮费用，也没有其他渠道的专项资金支持维护和修缮支出，只能由村里向上申请，等待适合的资金批复；另一个原因是，村里的硬化路面和连户道路很多为新建，该村处于地质情况复杂、灾害易发山区，路基等需要经历数年的稳定期，在此期间都会频繁发生道路塌方、沉降事故。这些原因都造成了修复的公共基础设施的抗受易损性不足，多次反复修复在人力上也带来了较大困难，不能保证修复后的质量，以及缺乏修复基础设施的资金等问题。

二是公共卫生服务比较滞后。三个村上只有一村和三村各有1个卫生室，二村离最近的卫生室12公里，三个村各有1名有行医资格证的医生。整体来看，三个村的总人口接近600人，总人口与医生的比例基本上是200∶1，公共卫生服务的质量比较滞后，村民一般生病都会去镇上的医院或私人药房，重大的疾病会前往州府康定等更大的城市医治。

三是乡村通信设施建设的问题。目前三个村村委会无联网电脑，三个村都没有开通有线广播，基本上村里家庭中没有联网电脑使用，极个别的家庭还没有开通电视等基本通信类设施的配备。手机网络和互联网信号覆盖较差，海拔较高的住户和山沟里的农户手机信号不稳定。

（二）社会化服务的问题

腊月山村的社会化服务主要体现在村民的传统互助、宗族和宗教社会关系中。与扶贫相关的社会性互助主要体现在贫困户的房屋修建中。按照当地的习俗，村民之间有相互帮忙修建房屋的传统，房主需要购买建材，提供休息和劳动用餐或宴请，附近村民会来帮忙进行修建。普通的体力活由房主和家庭成员、村民完成，泥瓦、木工等技术性工作需要付工钱聘请技术工人完成。村民中家族成员之间的互助借贷也是重要的自我帮扶方式，在出现房屋修建、子女教育、重大疾病等情况时，家族成员之间相互借贷是渡过难关的重要方式之一。各项扶贫资金和帮扶政策中，也涉及一些金融借贷的支持性服务，往往针对生产性活动，例如藏香猪饲养、中草药种植等，且比例和规模都比较有限。

其中山区居民面临心理健康的问题，从样本中"你是否感到焦虑和压抑"这一变量中我们发现如下情况：181个个案中，非常严重的占比 0.55%，挺严重的占比 4.42%，有一些严重的占比 6.08%，有一点严重的占比 19.34%，不严重的占比 25.97%。整体看来，山区居民的心理压力还是比较大的，焦虑和压抑等心理问题比较突出。

（三）文化建设治理的问题

腊月山村文化建设治理的问题主要体现在以下几个方面：一是农民文化技术培训的问题。目前村里没有农民文化技术学校，村里开展农业技术讲座共 17 次，培训共计 93 人次，其中三村培训 1 人次，一村培训 90 人次，二村培训 2 人次，需要鼓励更多具备劳动力的农户参与系列文化技术培训。二是山区村民文化活动的参与问题。三个村都有图书室和文化站，占地面积 60 平方米，藏书量约为 3000 册，月均使用人次中，三村 5 人次，一村 20 人次，二村 5 人次。一村和三村有棋牌活动室。从山区居民参与农村合作社的情况来看，34.21% 的村民参与农村合作社的活动，42.11% 的村民未参与。农村合作社是村里发展村经济最重要的一种方式，从参与的次数来看，25% 的村民选择不确定地参加其活动，固定参加的比例只有 16.44%，参与度还略微偏低。在村民参与文化娱乐或兴趣组织方面，83.54% 选择有，16.46% 选择没有，60.26% 选择若有机会参加，26.92% 选择不参加；在多长时间参加一次的回答中，一年以上的占比 10.81%，每一季度的占比 8.11%，每月的占比 4.05%，每周的占比 2.70%，而不确定或逢年过节参与的占比 41.89%。整体看来，村民对文化娱乐或兴趣组织的平日参与度比较低，日常型的文化娱乐活动也比较少。

二 腊月山村居民在生产与生活中的需求

（一）公共服务的需求

腊月山村在公共基础设施建设方面需要资金的投入、专业技术人员以及常规性基础设施维护队的维护。而在乡村通信设施建设方面，现在也亟须开展网线、广播等大众化的乡村通信设施的铺设与服务。腊月山村的教育和医疗等公共服务，基本上都由中心校、乡卫生院、药店等提供；村小的撤销让有经济能力的家庭选择在乡里租住房屋，增加了生活成本，没有经济实力或老人帮助照顾小孩的家庭只能选择住校，每周往返学校和家庭。

（二）社会化服务的需求

腊月山村村民看病并不难，每个村都有村医，小病都在乡里买药，大病就到县上，更严重的就到康定或成都。整体看来，山区居民的心理压力还是比较大的，焦虑和压抑等心理问题比较突出，村里没有固定的团体性组织给山区居民开展如心理健康扶持、贫困家庭心理引导、就业服务心理指导等，心理扶贫的社会化服务需求比较大。整体看来，一些村民在自主摆脱贫困方面的主动性和积极性不够，被动接受脱贫与扶贫。除去乡村的闭塞、经济的不发达、教育的落后等因素的影响，还存在摆脱贫困的心理诉求不高，"等、靠、要"的心理状态一直存在等现象。扶贫攻坚政策的执行方式也是造成这一结果的重要原因。极其贫困的家庭基本以无婚无子女为主，认为赡养老人、基本生活有所保障就行，不关注村社区的变化以及对自身摆脱贫困的积极性不高。需要专业的社会化服务队伍，针对山区村民因贫困带来的心理问题与心理诉求开展对应的社会化服务，提升村庄整体的社会化服务能力，引导和营造村民摆脱贫困、创造美好生活的心理诉求和积极的社区心理环境。针对返乡就业毕业生，也需要社会化服务的介入与正确的指导，引导返乡就业毕业生有序就业、分序择业，缓解返乡就业的压力，拓展返乡就业毕业生的就业渠道，提高山区村民抵抗返贫风险的能力。

（三）文化挖掘与文化治理的需求

丹巴县的旅游资源非常丰富，整个丹巴县比较出名的就是甲居藏寨和美人谷。丹巴属于藏区文化，文化特色突出，藏族文化留有丰厚的文化资源和天然的自然资源。但是从现状来看，文化的挖掘比较滞后，旅游产业还是以个体或公司经营为主，因此在文化保护以及文化挖掘等方面不够普遍。政府支持一些有意愿的贫困户，以小额贷款的方式发展居民接待以及民宿，但是还没有达到一定的规模，因此，开展文化保护和乡村文化治理的乡村酒店有待进一步开发。

第五章

腊月山村贫困现状

在这一章，我们将从不同的层面来讨论腊月山村的贫困现状。虽然腊月山二村没有被划定为贫困村，但实际上无论是从农户收入层面还是从村庄社区层面，二村都表现出和一村、三村类似的贫困现状。

第一节　腊月山村的贫困现状：社区层面

现有的研究表明，贫困不仅发生在个人／家庭层面，而且也发生在社区层面。而不同层面发生的贫困之间存在着密切的关系。也就是说，社区层面的贫困与农户层面的贫困存在着密切的联系。这里所指的社区，主要是指村庄，可以是自然村，也可以是行政村；可能是一种地理性社区，或者是一种认同性社区。

社区是一个提供公共产品和服务的功能单位，是组织集体行动的基本单位，是个人关系网络的来源和交集，也是社区成员产生归属感和认同感的单位。更为重要的是，社区有能力处理社区成员共同面临的问题，能够帮助社区成员改善其福祉。"社区贫困"或者贫困的社区（村庄）意味着社区已经无法正常发挥其功能，社区的存在和维系很大程度上依靠外来资源，或者社区的经济发展是以牺牲自然资源和社会资源为基础的，是不可持续的。

一 社区资源的匮乏

在英国国际发展部（DFID）提出的可持续生计框架中，农户要实现可持续生计需要具备五种资本：自然的、物质的、金融的、人力的和社会的。而对于社区发挥正常功能和实现可持续发展来说，其也需要具备多种资源：自然资源、人力资源、物质资源、社会资源和经济资源。这些资源是可以储备的，彼此之间也可以是互相转化的。

对于社区发展和摆脱社区层面的贫困来说，这些资源发挥的作用和地位并不是相同的。其中最重要的资源是社会资源，一方面因为它决定着其他资源能否得到有效的利用，能否真正用于改善社区成员的福祉，促进社区的可持续发展；另一方面其他资源很难转换为社会资源，它一旦被破坏，就难以恢复甚至积累。换句话说，社会资源是村庄作为一个社区发挥作用所需要的核心资源。

（一）自然资源的匮乏

在社区层面上，由自然资源的匮乏而导致的贫困是最容易被发现的。自然资源的数量对社区的贫困状况有很大影响。经过大规模扶贫以后，中国剩余的农村贫困人口多集中在资源禀赋很差的地区，资源短缺和生态环境限制使贫困问题的解决变得非常困难。而丹巴就属于自然资源，特别是耕地资源禀赋较差的地区。

正如前文所言，腊月山村所在的丹巴县，地处川滇农牧交错带，耕地面积小，地块分散，石头多、土层薄、坡度大。即使是农作物产量最高的干热河谷两熟区，小麦、玉米的亩产也就是 1000~1500 斤。从耕地面积来看，腊月山三村人均 0.67 亩，二村人均 0.78 亩，一村人均 1.09 亩。仅仅依靠农产品的产出，腊月山村的村民温饱都有问题。腊月山村的三个村，除了三村还有 47.3 亩没有承包到户的集体耕地外，其他两个村庄都没有集体耕地，所以村集体也无法利用这些贫瘠的土地为整个村庄做些什么。

丹巴县曾经被有些研究者概括为"富饶的贫困"。和耕地比较而言，腊月山村人均林地和草场的面积都很大，但是由于丹巴县已经被整体划归为长江上游生态屏障的核心地带、长江上游与黄河上游的重要水源涵养区，天然林已经禁止采伐，腊月山村虽然每户村民都有相当大面积的林地，但是也只能在中间采摘一些菌子，没有办法获得更多的收入。

腊月山村的牧草地面积也比较大，但是都远离村庄，而且海拔超过 4000 米。腊月山村只是在改革开放之前，曾经有过在这些牧场集体放牧的情况，但是现在已经全部承包给农户。这块地自然资源虽然不能说匮乏，甚至可以说丰沛，但是对于村庄集体生计也没有什么帮助，从这个角度来说其资源是匮乏的。

（二）经济资源的不足

腊月山村的三个村庄都没有足够的经济资源。经济资源的不足使社区难以提供必需的公共产品和服务。在社区层面，经济资源主要指的是集体收入、社区所拥有的集体财产。对于社区发展来说，集体收入和财产是不可缺少的。在现阶段的中国农村，长期城乡分割的体制造成了国家在农村公共事业上的投入严重不足，农村社区替代了国家承担着提供社区公共产品的职能，当社区缺少集体经济收入的时候，就无法提供公共产品。

腊月山村三个村中，身为贫困村的一村和三村都从 2016 年开始有小规模的集体经济，初步积累了少量的集体资产。而不属于贫困村的腊月山二村，没有集体经济，到 2017 年还没有任何集体资产。没有集体经济，社区就没有什么集体收入来源。而政府对于村庄行政管理给予的转移支付，尚不足以维持整个社区的运转。社区有任何建设举动，比如修村道或山塘，都得想办法在村民中筹钱或向上级政府争取。

正如其他研究中所发现的一样，对于许多村庄来说，特别是贫困村庄来说，社区的经济资源只能从外来扶贫或者发展项目中获得。腊月山村的三个村中，因为一村和三村是贫困村，它们都获得了丹巴县扶贫移民局的资助，建起了家畜养殖基地，三村得到了100万元产业扶贫专项资金，建起了标准化的藏香猪养殖基地，获得了集体经济资源。藏香猪养殖收入的20%作为腊月山三村的集体收入。腊月山三村藏香猪2016年销售3.6万元，有了第一笔集体收入。一村得到了35万元产业扶贫专项资金，建立了王家湾猪养殖专业合作社。

腊月山三村的藏香猪养殖主要还是分散在农户家中，以及各自的林地，总体产量依然较小，无法实现规模化；通常通过对口扶贫单位定点购买的方式对外销售，缺乏有效和持续稳定的销售渠道和市场需求。另一个对养殖业发展规模的限制是藏香猪的品质问题，通过定点扶贫销售到成都的藏香猪肉主要吸引购买者的是非饲料喂养、绿色生态，这种方式饲养出来的猪比工业化饲料饲养的猪肉质鲜美，但养殖周期较长，成年猪的体重也明显低于饲料喂养的猪，造成猪肉单位价格偏高，难以实现规模化养殖和大量、稳定的市场供给。

腊月山一村的王家湾猪养殖合作社，是政府主导的合作社，投资规模比较小，目前的收益还不明显。因为没有定点帮扶单位，一村的仔猪和猪肉的销售也是村"两委"很发愁的事情。但如果没有外来资源的介入，腊月山村很难在短时间内建立集体经济，积累集体资产。

（三）人力资源的短缺

由于单纯依靠农业生产已经无法维持基本生计，特别是在现金支出不断增多的情况下，许多村庄的青壮年劳动力都外出打工了，现在仍然留在村内的主要是老人、妇女和儿童。这导致农业生产的女性化和老年化，对农村经济的发展产生了重大影响，使整个社区出现空心化现象，失去了活力。甚至因此导致村庄男性的婚配都出现了问题，这就是在人力资源不足的情况下社区贫困最明显的表现。

腊月山村村民外出务工地点主要是丹巴县及周围的四川藏区，以及成都等其他川内大城市，较少有前往沿海城市务工的村民。从事的行业以建筑业等为主，特别是在藏区，村民拥有一定的建筑技术和经验，在"关外"（炉霍、道孚等更接近西藏的四川藏区）从事建筑、运输等行业有更高的经济收入，虽然机会并不充足，且劳动与生活条件都会艰苦一些。能有较高外出务工经商能力的通常是男性壮年，年轻人往往倾向在康定、马尔康等川西较大的城市从事服务行业；对整个家庭和年轻人最有吸引力的是政府部门、事业单位等"拿工资"的就业岗位，不少家庭也为帮助子女获得这样的就业机会，在教育等方面产生了大量的支出。

表5-1是根据腊月山一村、二村、三村的村表整理的。从表5-1中可以看到，比较而言，腊月山村劳动力外出务工的比例还是不高的，特别是外出务工半年以上的。比例最高的一村，外出务工半年以上的劳动力占总劳动力的

28.92%，外出务工的劳动力占总劳动力的53.01%。而比例最低的腊月山三村，外出务工半年以上的劳动力占总劳动力的16.06%，外出务工的劳动力占总劳动力的32.85%。

表5-1　腊月山村劳动力情况和外出情况

单位：人，%

类别	一村（198）		二村（199）		三村（191）	
	人数	百分比	人数	百分比	人数	百分比
总人数	202	100	207	100	192	100
劳动力总数	83	41.09	99	47.83	137	71.35
外出务工半年以上	24	11.88	22	10.63	22	11.46
外出务工半年以内	20	9.90	15	7.25	23	11.98
省外务工	—	—	—	—	2	1.04
省内县外务工	—	—	—	—	20	10.42

资料来源：腊月山一村、二村、三村的村表。

但是，实际上腊月山村外出务工的比例可能比表5-1中显示的比例更高。因为，根据腊月山村农户摸底调查情况，腊月山一村59户中有45户有务工收入，二村54户中有44户有务工收入，三村47户中有42户有务工收入。有务工收入意味着至少家中有一个劳动力外出务工了，那么腊月山一村、二村、三村外出务工的劳动力至少有45人、44人和42人，这个结果比表5-1中显示的外出人数都多。

当然，和许多贫困乡村相比，腊月山村留在村中的青壮年劳动力相对还是多一些，有的时候能够看到男性在家盖房子，夫妻共同下地，但是在村中看到更多的还是女性下地，甚至跟着村支书一起维护道路的都是女性（见图5-1、图5-2）。正如前面分析的那样，腊月山村还有大量的未婚男性，而且平均年龄将近33岁。在访谈中也了解

图 5-1 村中负重前行的女性

图 5-2 跟着二村书记维护道路的女性

到存在一些一直娶不到媳妇的"老光棍"："还有我们这边山高，好多年轻人是没有结婚的。山太高了，本地方的姑娘她就出去了，在外面工作的话，肯定不回来了。"这些都说明了社区层面人力资源的短缺。

（四）物质资源的不完善

社区层面的物质资源包括社区的基础设施和各种生产用具及设备，而物质资源的不足是村庄陷入贫困和难以发展的最重要因素。腊月山村地处半高山、高山地带，而且村民居住不集中，非常分散。特别是腊月山三村，海拔最高，原来只有一条土路蜿蜒到山脚下，村民到乡里都要步行将近一天。2016年通过政府实施的通村通畅工程，腊月山村的三个村都新建了宽度为3~4米的通村水泥路面，而且是加堡坎、挡墙、桥梁、护栏等的。

从实地来看，这些水泥路基本上都加了护栏，但是加堡坎和挡墙的地方有限。而腊月山村坡度大、土层薄，因此，面对2017年丹巴的大暴雨，许多地方发生了滑坡，严重的地方路面被堵塞了，根本无法行车；情况稍好的地方，路面也是布满石头和泥土，车辆容易打滑。政府提供了修建这些基础设施的经费，但是没有提供维护的经费。在丹巴这种地质灾害频发的地区，一次自然灾害可能就会导致前期投入大量资金修建的公路，根本无法再发挥其应有的作用。这样，无论是村民运送建材，还是接送孩子上学放学，都非常困难。

除了几个水窖之外，腊月山村的农田水利基本设施基本没有，农作物的灌溉完全依赖雨水，还处于靠天吃饭的阶段。随着农业收入在农户总体收入中比重不断下滑，外来资源也很少投入建设农田水利基本设施。除了道路，社区的基础设施还包括电网、自来水网这些和村民生活密切相关的设施。腊月山村修建这些设施的时间较晚，还包括路灯、垃圾池等，最初修建的时候也投入了大量的人力、物力和财力，但是缺乏后期维护的人力和经费，后续情况也很堪忧。

（五）社会资源的减少

在社区资源中，社会资源发挥着核心作用。在农村社区中，和社区贫困及农户贫困都有着密切关系的主要社会资源包括：地方性社会网络、社区归属感、社区凝聚力、社区信任和社区成员之间的互助。这些社会资源之间也相互作用，互为基础。腊月山村的三个村在这些社会资源上有着不完全一致的表现。

所谓地方性社会网络，指的是社区内部成员之间形成的社会网络，这是社区成员互动、互助以及建立信任感的基础。中国的农村曾经是一个在差序格局基础上构建起来的熟人社会，村民之间或者是同族，或者是亲戚，通过血缘、地缘建立了密切的联系。社区内部的社会网络非常发达。我们的研究发现，腊月山村的这种社会网络也被不断削弱。许多村民为了孩子的教育，为了有更多的非农就业机会，选择居住在乡镇甚至县城，住在村里面的人不断减少。村民们更多的是各自为政，更为关注如何能够增加收入，而那些常年在外打工的，或者获得公职的村庄成员，都更倾向于和社区外部的利益相关者建立各种社会关系。

社区缺乏凝聚力是社区贫困的重要表现。社区层面凝聚社区成员的能力，就是社区的凝聚力，它建立在社区成员最低限度地共享价值观、规范、利益和目标的基础上。与之相伴相生的就是对社区的归属感，社区成员和社区情感上的联系。在这次调查中我们发现，由于村民很难依靠农业产出满足生活需求，而不得不依靠打工等外在于村庄的活动，各有各的目标和追求，因此村民共享的利益和目标在减少，共同的价值观和规范也在弱化。关注社区发展和社区公共事务的越来越少。相对来说，腊月山三村的归属感更强一些，因为各种外在项目的进入，使腊月山三村的村民从村庄中能够获得更多的利益。

不同群体之间的信任以及社区成员对于社区组织的信任，是一个社区最重要的社会资源，是社区发展的基础。如果缺乏这种信任，即使拥有人力资源、经济资源和自然资源，社区也无法采取集体行动去改善社区成员的生存处境，改变社区面临的困境。社区本身缺乏这种信任和合作，也缺乏与外在组织之间建立社会关系所需要的能力。腊月山村除了一村和三村的两个经济合作组织，村委会和村支部是仅有的社区组织。但是我们在调查中发现，村民对于这仅有的社区组织及其成员表现出明显的不信任。腊月山三村在四川省国土资源厅的帮助下建立了藏香猪养殖基地，本来是繁育猪仔，分给村民养殖，但是村民都不愿意，保持观望态度，只能村干部率先去养殖。2016年底藏香猪售卖出去后，才有村民愿意承包养殖藏香猪。

在传统的中国社会，村民之间和邻里之间的互助是许多贫困农户的一种重要社会资源，是他们能够渡过难关的重要原因，所谓"远亲不如近邻"。这种互帮互助的关系在腊月山村还有相当程度的保留。丹巴县的干部和村干部都告诉我们，在丹巴县盖房的成本并不高，因为材料都是本地的，石头、木料、人工都是不要钱的，只需要一点运输工具。人工方面是依靠当地良好的民风民俗，大家相互帮忙，最多花点必要的水泥钱、匠人工钱、涂料钱等。随着市场化影响在当地进一步加深，这种互帮互助的模式也许会进一步弱化。

二 社区能力的不足

"社区可行能力"是利用社区所拥有的各种资源，解决社区成员共同遇到的问题，增进社区及其成员的福祉，促进整个社区发展的能力。社区可行能力的执行主体可以是个人，也可以是组织和社会网络。基于田野调查，我们认为和社区脱贫存在关系的"社区可行能力"主要包括：①领导能力；②获取社区内外资源的能力；③集体行动的能力。这几种能力都建立在社区所拥有的各种资源的基础上。这些能力的不足都会导致社区贫困的出现。社区可行能力和农户可行能力之间存在着密切的关系。

对于社区来说，各种共享的资源是社区发展的基础，但是对于社区发展更具决定性作用的是社区的可行能力。社区性资源贫困所带来的不利条件是可以通过社区可行能力去改善和弥补的。社区的可行能力包括社区的领导能力、获取资源的能力和集体行动的能力。这些能力共同构成了社区解决问题、实现可持续发展、保护社区成员共同利益的能力。社区可行能力的不足，或者说社区性能力贫困是社区贫困的重要表现。

（一）领导能力的不足

社区领袖的领导能力，对于社区发展的作用不言而喻。在调查中，许多被访者也一再向我们强调"能人""村官"对于村庄发展的重要性。社区领袖的领导能力不足，是社区贫困的重要表现，也是重要的原因。腊月山村三个村的社区领袖主要是正式组织中受到政府认可的村干部。这三个村的村干部都属于村里的"能人"，都曾经外出打工，或者自己跑运输接工程，但三个村的村干部领导能力表现出明显的差异。

腊月山三村的村支书，在当村干部之前就在外面打工，后来又当过代课老师，在电厂当过会计，自己承包过工程。已经连任了六届村支书，不仅带着村民修路铺桥，也带着村民一起外出打工，表现出较强的领导能力，以及对于整个腊月山三村的掌控能力。腊月山二村的村委会主任，也曾经在外面打工，后来自己跑运输，1999 年开始当村干部，2013 年开始当村主任，领导能力相对较弱。腊月山一村的村委会主任是村干部中较为年长的，已经连续担任四届了，在外面接工程跑运输，是村里面的"能人"和富裕户。他自己致富能力很强，但是带领一村发展的能力相对较弱。

社区中除了正式组织中受到政府认可的这些领袖之外，还有很多民间的、非正式组织中由于能力和声望等而成为社区领袖的人物。和村干部得到上级政府认可甚至任命相比，这些社区领袖更多的是得到社区成员的认可，他们和村干部相比，更加关心社区的利益和发展，对于社区可行能力的建设更为重要。在腊月山村，也有这样的人，这些人往往曾经担任过村干部，但是没有在腊月山村的发展中表现出明显的作用。

（二）获取社区内外资源能力的欠缺

中国政府在贫困地区的投入越来越多，贫困县、贫困村都和许多资源联系在一起。但是，这些投入机制还存在许多不透明的地方。因此农村社区要获得更多的资源，就要依靠自己争取。在争取国家项目投入过程中，真正的贫困村经常得不到项目，而一些相对条件较好的村庄却可能得到项目。从社区角度来说，这就是社区争取资源的能力差异。

我们在做田野调查的时候，被访者就告诉我们作为社区领袖的一个重要功能就是为这个村庄争取资源，比如成为国家扶贫项目的定点村，或者能够引进其他的资金。这些已经成为衡量一个社区领袖是否有能力的重要标准。正如我们前面提及的那样，从地理位置、经济发展状况等因素来看，腊月山二村实际上比腊月山一村条件更差，但是最后的结果是腊月山一村和腊月山三村成为贫困村，而腊月山二村则没有。虽然乡镇干部解释说，腊月山二村夹在一村和三村之间，这两个村的基础设施项目可以惠及二村。但是，二村的村干部告诉我们，实际上除了道路之外，其他项目他们都很难从中分到一杯羹。

腊月山村有着广阔的草场，而这些草场都远离村庄，在海拔4000米以上的高山上。对于养殖牦牛、犏牛、羊等家畜而言，这些草场有着重要的经济价值。但是，这些草场是几个村庄分享的，而草场的载畜量是有一定限制的，每个村庄的村民能够饲养多少牲口，不仅需要村民之间的博弈，更需要村庄之间的博弈。因为腊月山村的村民专门从事畜牧业的农户有限，据我们所知主要就是腊月山村的三家农户，村干部没有考虑如何为村民争取更大的牧场，放养更多的牛羊，也没有考虑如何使其成为集体经济的来源。

腊月山三村能够在丹巴众多的贫困村中成为四川省国土资源厅的定点帮扶村庄，一方面是腊月山三村的村民的确是生活在高寒地带，生活生产条件都非常艰苦，符合贫困村的条件；另一方面也是腊月山三村的村干部为村庄争取内外资源的能力比较强。四川省国土资源厅帮助腊月山三村进行土地整理和地质灾害点排查，甚至新建办公场所等，投入的资金远远多于当地政府在一般贫困村的投入，这也是腊月山三村能够有更为完备的基础设施的重要原因，这也使得腊月山三村的生产生活条件在一定程度上可能超越原来好于他们的二村。

从社区角度来说，社区可行能力不仅表现在为社区的发展争取各种资源，还包括保护社区本身的资源不被其他利益集团所剥夺，比如上级政府、大型企业等。腊月山村由于地处半高山和高山，还没有碰到这种利益集团剥夺村庄本身资源的情况。

（三）集体行动能力的匮乏

集体行动能力建立在社区所拥有的资源的基础上，和社区的社会资源有着特别密切的关系。社会资源的储备能够增强社区集体行动的能力。在中国现行的治理结构下，农村社区在发展中遇到的许多问题都需要依靠社区自己去解决。缺乏集体行动的能力，意味着即使社区储备了相当数量的资源，也几乎不可能依靠自己去解决问题，改善处境。

缺乏集体行动能力，在面对外来压力和整个社区共同利益受到威胁的时候，社区也就缺乏抗争和保护自己利益的能力。腊月山三村因为四川省国土资源厅的帮扶，获取了大量的扶贫资金。为了达到上级政府提出的户户通硬化路的要求，甚至花十几万元为偏远的一户农户修路。据当地村干部说，其实他们都更希望用这些资金去修建村公路的堡坎和挡墙，这样就不会一下雨就塌方，刚修好又垮塌了。对于整个社区来说，后者更为有益。但是，因为上级政府的项目要求，以及扶贫资金用处无法调整，最后只能修性价比极低的通户路。

缺乏集体行动能力，即使在获得外来资金的情况下，社区也很难通过集体行动来建设公共服务设施，激活社区已有的各种公共资源。腊月山二村，虽然社区领袖的领导能力和争取社区发展资源的能力相对较弱，但是集体行动能力相对较强。我们调研的时候，正好遇上下大雨，三村通村公路垮塌多处，没有人处理；二村的村干部已经组织村民对道路进行清扫和维护，保证了通村公路的畅通。

对于贫困社区而言，集体行动能力是解决问题的重要策略和途径。但是社区也应该探索其他解决问题的途径和方法。比如，社区应通过增加对其成员人力资本的投入，培养社区成员协商和谈判的能力。或者尽力培育社区的社会资本，比如通过促进邻里之间的互助来帮助社区成员解决一些力所能及的问题。

第二节　腊月山村的贫困现状：农户层面

一　农户经济的脆弱性

处于绝对贫困中的农户数量在减少，但是仍然有大量农户受到贫困的威胁，他们仍然处于家庭贫困的循环之中，任何变动都可能使他们陷入贫困。经济发展和收入的提高并没有降低他们生存的脆弱性。

（一）维持家庭再生产成本的增加

对于温饱无忧的农民来说，其并没有摆脱贫困，因为对于他们来说，更为重要的是保障家庭的延续。农民是社会人，生活在一定的社会结构和文化中，需要按照相应的规范产生行为。当贫困使他们无法达到社会对一个社会人的预期时，那么他们也会被看成是贫困的。而在现在的中国，结婚生子延续家庭还是一个被普遍接受的价值观和预期，如果是出于经济原因不能延续家庭，那么这个家庭就会被认为是贫困的。

娶妻生子延续家庭，被称为家庭的再生产。随着经济发展，农村维持家庭再生产的成本也在提高。在农村社会，维持一个家庭的再生产意味着子女长大，结婚生子，并不断重复这样一个过程。如果其中一个环节断裂，农民家庭就会陷入贫困。无儿无女的农民往往是村内最困难的。随着农民收入的提高，盖房、结婚生子的费用也在不断上升，维持家庭再生产的成本上升速度比农民收入提高的速度还要快。

这次调查中，我们没有关注具体盖房和结婚生子的费用，但是关注了礼金的费用。在腊月山村，礼金主要用于红白喜事，也就是结婚、生子、丧葬等场合。从我们前面的分析可以看到，2016年腊月山村被访的78户农户中，71户都有礼金方面的开支，而且平均每户礼金支出高达 5157.7 元，超过家庭总支出的 1/4，接近腊月山村未剔除生产支出的人均收入。从这个礼金的支出额度就可以看出，腊月山村的结婚等费用也不低。我们在调查中还发现腊月山村有 50 位未婚的男性，而且平均年龄为 32.58 岁。如果区分建档立卡贫困户和非建档立卡贫困户，可以发现建档立卡贫困户中的未婚男性平均年龄更大，为 33.42 岁；而非建档立卡贫困户中未婚男性的平均年龄稍微低一些，为 31.67 岁。这也说明了许多家庭因为贫困未能结婚生子延续家庭，维持家庭再生产的环节断裂了，这些家庭常常会被村里人认为是贫困家庭。

（二）现金支出的增加

虽然和其他地区相比，四川高原藏区的农民接触市场经济更晚，但是随着市场经济在空间上的扩展、在各个领域内的深入，他们也越来越深地被卷入市场经济中，与市场的关系越来越密切，需要购买的生产生活必需品越来越多，这需要他们有稳定的现金收入。农民现金支出增加主要体现在三个方面：农业生产支出的增加、生活消费水平的提高和教育卫生等支出的增加。

在传统模式中，农业生产是自我循环的，农业不需要依赖太多外部资源的投入，但是低投入也带来了低产出。现在农业生产高度依赖外部的投入，特别是种子、化肥和农药。在国家减免了农业税费以后，农业生产资料的涨价成为农民生活最大的威胁。还有农田水利设施等的建设和使用，都需要农民的投入。相对来说，腊月山村的农业生产还维持着传统模式。腊月山村人均耕地面积小，而且土层薄、海拔高、气候寒冷，农作物的产量低。而且，农业生产更多的是为了满足自己家庭的生活需求，因此化肥、农药用得少，灌溉也有赖天时，靠雨水浇灌，而不会因为购买农业生产资料等向信用社贷款。我们调查的腊月山村78户农户提到的54笔贷款中只有9.26%提及是用于发展生产，而且没有明确说明是用于发展农业生产。腊月山村被访农户2016年家庭生产支出中，农业经营支出平均值只有1420.2元，远远低于礼金支出、食品支出、教育支出和医疗支出等生活支出。

农民生活的现金支出也在不断增加。人们的生活标准是被社会环境所定义的，在周边环境的压力下，农民需要达到一个被社会所认可的消费标准，如果低于这个标准，就会被认为是贫困的。这个标准不同于生存标准，而是维持家庭再生产和家庭在社区中生存的标准。前面分析的礼金支出虽然无关于家庭的生存，但却是这个家庭在社区中生存下去，融入整个社区而不被排斥的必要支出。除此之外，还有家庭再生产的支出，如家庭在婚礼、生子、丧葬等方面的支出。分析腊月山村被访农户2016年家庭生活支出结构可以看到，食品类支出也是其主要构成，所占比例将近总支出的1/4，而不是像传统农业社会中依赖自给自足就能够生存下去。现代农村居民和城市居民一样，需要花费资金在市场上购买所需的食品。

对于当前的农村居民来说，最大的压力来自教育和医疗的市场化改革。在1980年以前，农村的教育质量普遍比较差，农村学校破败，农村教师的待遇也很差，但是农民所承担的教育费用也很低。此后，农村教育开始逐渐改善，但是农村教育改善却加大了农民的负担。2004年以后，中央政府也增加了在农村教育方面的投资，但是撤点并校导致多数农村学校被集中到了城镇，提高了办学质量，义务教育阶段农民尽管直接缴纳的学费被减免了，但是这些孩子或者要住校，或者要父母陪读，都增加了农户在教育上的支出。不仅现代教育迫使农民必须增加支出，而且现代的医疗制度也大大加重了农民的负担。现代医院逐渐替代了原有的乡土医学，这导致农民看病费用的大幅上升，虽然腊月山村的大部分村民都加入了农村新型合作医疗，但是医疗支出依然是当地农民不得不面对的巨大负担。如表5-2所示，因病因学是腊月山村村民贫困的主要原因。腊月山村被访农户的家庭支出结构中，医疗支出和教育支出所占比例也都超过总支出的1/4，也就是说两者相加占农户总支出的一半以上。

表5-2　腊月山村三个村农户贫困原因

单位：户

类别	总户数	因病/残疾	因学	缺资金	缺土地	缺技术	没有回答
腊月山三村	47（100%）	33（70.21%）	19（40.43%）	3（6.38%）	0（0.0%）	3（6.38%）	0（0.0%）
腊月山二村	54（100%）	24（44.44%）	19（35.19%）	29（53.70%）	1（1.85%）	3（5.56%）	9（16.67%）
腊月山一村	59（100%）	38（64.41%）	21（35.59%）	5（8.47%）	0（0.0%）	0（0.0%）	3（5.08%）

资料来源：根据2015年腊月山村三个村的摸底调查户表数据整理。

二　不稳定的收支平衡

从前文腊月山村被访农户 2016 年的收入和支出情况来看，总体上来说，腊月山村的农户还是能够做到收支平衡的。但是，这种平衡是生产和消费之间的一种脆弱平衡，也就是说农民每年生产所得仅够维持农民的生活，很少有剩余。我们访问的 78 户农户中，只有 12 家有存款，平均存款额度为 4726.92 元，还不到农户 2016 年支出总额的 1/4。存款超过 20000 元的只有 3 家，这几家应该是当地相对比较富裕的农户。而贷款的农户有 25 家，平均贷款额度为 8717.11 元，远高于存款的平均额度。从腊月山村的村表资料来看，三个村的农户都有欠款，其中二村的农户欠款总额高达42778.75 元。

也就是说，腊月山村农户的收支尽管能够做到平衡，但这种平衡是建立在最佳状态下的，没有灾害，没有重大的额外支出，家中的劳动力相对充足。即使在正常年景下，他们也不能仅仅依靠农业生产，而需要依靠外出打工和政策性收入来维持他们的生存，维持家庭各个方面所需要的现金支出。农户的收支只能够勉强维持平衡，没有剩余和积累。因此，农民抗风险的能力很弱。一旦出现重大变故，这种平衡很容易被打破，会重新陷入贫困。对于这些农户来说，他们生存的风险一方面来自自然灾害，另一方面来自农民家庭内部的变动。

（一）家庭生命周期的某些阶段，农户更容易陷入贫困

家庭的生命周期与贫困之间有密切的关系。无论是农业生产还是外出打工，都需要有足够的劳动力，这样农民的家庭经济才能够维持。因此，对于一般还不能形成一定积累、收支之间存在着脆弱平衡的农户来说，家庭的劳动力、出售劳动力的机会与消费人口之间的比例对于家庭的贫困状况具有很重要的影响。如果农户积累了一定的资产，收入的来源已经主要不是依靠劳动力，而是资产或企业等其他因素，那么就可能摆脱家庭生命周期对于家庭经济的影响，这是农村家庭真正摆脱贫困的重要标志。

只要农户的收入主要还是依赖劳动力，那么贫困就是无法根除的，是会随着家庭生命周期的循环而变动的，会在贫困与相对富裕之间不断循环，今天可以维持生存的小农生活，明天就可能陷入贫困。我们在调查中发现，仅仅能够维持生存的农民谈到未来的生活都会感到很困惑，因为自己会逐渐丧失劳动力，子女还要上学，老人的身体会越来越差，这些都将一个脱贫的家庭重新带入贫困中。而且，有些家庭陷入贫困后就无法自救，比如孤寡老人、子女生病或者残疾等。但是因学致贫的，"几年后毕业就没有问题了，娃娃毕业后打个工就比人家强"。

在传统的农业社会，当家庭进入高消费和低劳动力时期，可以通过缩减支出来维持家庭的收支平衡，但是在高度市场化的社会中，农民的刚性支出大大增加。也就是说，劳动力人口少的时候，正好是家庭需要在教育和医疗

方面支付大量现金的时候。农户无法通过缩减开支来达到收支平衡，而是进一步拉大了收支之间的差距，使农民的生活陷于更加贫困之中。比如，我们在腊月山一村访谈的时候，大家谈起村里最为贫困的家庭就是一个妈妈带着两个未成年的子女，丈夫的去世使家庭的主要经济来源少了一半，而两个未成年的子女又需要支付大量的教育费用。老年性贫困，以及女性户主的贫困，都是家庭生命周期贫困的一种表现。

腊月山村的贫困户大部分都在2016年底脱贫了，四川省贫困户脱贫的标准是达到了人均年收入3100元。但是，正如前面分析的情况那样，在家庭生命周期的影响下，大多数农户的收入是一个动态的过程，是会在贫困和相对富裕之间循环变化的。因此，这些农户是否能够稳定脱贫，是否实际上是因为处于家庭生命周期上升阶段而收入增加，都需要后续的持续关注。因为大量非农就业机会的增加，农民有了更多选择的可能，可以摆脱家庭生命周期对于家庭经济的影响，比如在城镇做小生意、自己创业搞经营接工程，腊月山村的三个村都有少量这样的农户，但是大多数农户可能还是在贫困和脱贫之间反复。

（二）偶然事件的出现会打破收支平衡

由于农户收支平衡的脆弱性，许多偶然事件都会打破这种平衡。比如，家中有人生病、有人致残、发生灾害和事故或者经营失败等。

从表5-2可以看出，腊月山村的三个村中生病或者残疾都是重要的致贫原因。腊月山三村因病/残疾致贫的农户超过70%。这些生病或者残疾的家庭成员不仅不能给家庭带来收入，还需要家庭支付大量的医疗费用。虽然大多数农户都参加了农村新型合作医疗，但是报销的比例有限，自费的部分还是会占总支出额度的一半以上。如果碰到住院急救等情况，就会让农民家庭入不敷出，"一朝回到解放前"。有些农户因此放弃治疗，或者就是自己到药店买些药对付一下。但是，这样做的潜在风险是小病拖成大病，最终还是需要大笔的医疗开支。否则，腊月山村农户的支出结构中，医疗支出不会占1/4以上。

自然灾害对于农户的家庭收入有着极大的影响。腊月山村的农业生产基本上还是原始农业生产的模式，靠天吃饭，灌溉靠雨水，如果遇上洪涝或者旱灾，农作物收成就会受到很大影响。从历史上看，丹巴县内自然灾害频繁，主要是冬干、春旱、夏伏旱、洪涝、冰雹、大风、霜冻，对农牧业产生不同程度的影响。丹巴县2017年的"6·15"洪水对于腊月山村村民的直接影响不大，因为他们大部分不住在河谷地带。但是连日的大暴雨导致山体滑坡、淹没村道、毁坏农田、损伤农作物，对于村民的生产生活还是造成了很大影响，对于他们2017年整体的收入也会造成不小的影响。我们调查的腊月山村农户中，10.4%的被访者告诉我们2016年农业生产曾遭遇自然灾害，平均损失为1897.50元，损失最多的一家为5000元。

经营不善或者失败更经常地威胁农户生存状态的平衡。对于一般的农户来说，经营性失败主要包括两类，一类是农业生产的失败，如牲畜死亡、农产品销售困难。一般农户承担风险的能力很弱，一旦他们经营失败，很可能要经过很多年才能翻身。腊月山村被访的农户中，14.3%遇到过销售困难的情况，16.3%遇到过价格下跌的情况，因此面临的损失平均为1597元，损失最多的一家为6800元。二村的村委会主任，以前也是在康定包车跑运输的，但是一直赚不到钱，最后不得不回到村里。另外一类经营不善或者失败，可能就是外出打工拿不到工资，从被访者提供的数据来看，腊月山村村民极少碰到这种情况。

（三）依靠经济作物和外出务工获得的收入不稳定

在农村改革以后，国家逐渐减少了农业生产的计划，农民的生产越来越依赖市场，农民通过市场，而不是通过国家来销售他所生产的农副产品。为了适应市场的需要，农业的产业结构迅速调整，粮食作物的种植面积逐渐减小，经济作物的种植面积逐渐增大。经济作物与粮食作物不同，因为经济作物往往完全是为了满足市场而种植的，其存储期一般比较短，其市场的终端往往距离消费者也比较远，生产出来的经济作物必须通过中介机构或个人迅速快捷地销售出去。

腊月山村由于耕地分散，面积不大，土层薄，跑水跑肥，农作物产量低，所以农业经营方面的收入主要依赖经济作物，还有饲养的猪、牛、羊等。但是这些经济作物要真正转变成收入，就需要有畅通的销售渠道；而要真正能够卖得出价格，也需要对市场有一定的了解。腊月山村农户现在销售这些经济作物基本上还是各自为政，多是在路边零售，很难保证经济作物能够变成稳定的现金收入。而且腊月山三村海拔高，气候变化不定，经常到花椒扬花的季节，又开始下雪，几场雪下来，所有的花椒就冻死了。

家畜的养殖也同样面临这个问题。除了用于家庭肉食消费，如何进入市场变成稳定的现金收入依然是个问题。腊月山三村办的藏香猪养殖场，销售都依赖于定点帮扶单位——四川省国土资源厅。而如何形成稳定的销售渠道，真正被市场所接受，腊月山三村还在摸索之中。

在市场经济的条件下，农户的收入渠道拓宽了，多样性的收入可以帮助农民克服单一农业生产所带来的风险。实际上，即使在正常的情况下，农村内部也不能维持简单的平衡，需要外来的收入维持农民的生活。外来收入的重要来源就是外出务工，这不仅包括打工，也包括外出自己经营小生意、承包工程等。腊月山村被访农户中，工资性收入 2016 年的平均值为 11127.3 元，占被访农户收入的 1/3 以上。但是，在市场经济条件下，这些也都是存在风险的。前者可能面临的风险包括找不到工作，雇用者经营不下去，生活中遭遇偷抢，工作中可能还有工伤；后者可能存在经营失败、血本无归等风险。也就是说，打工收入所面临的风险可能并不比农业经营小。这也说明了这些收入的不稳定性。

（四）政策性收入的不稳定

从前面对于腊月山村被访农户的收入结构分析来看，

政策补贴性收入占据总收入的比例超过 20%。也就是说，如前所述，退耕还林的补贴也是农户极为重要的政策补贴性收入来源之一。此外，还有生态林补贴（林补）、草原生态保护补贴（草补）和耕地地力保护补贴（地力补贴）。

根据政府的资料，退耕还林工程始于 2002 年，首轮退耕还林经济林补助 10 年，其中后 5 年减半补助；生态林补助 16 年，其中后 8 年减半补助。新一轮退耕还林自 2017 年开始实施，补贴政策有调整，根据国家公布的数据（最近调高了苗木补助 100 元）每亩补助 1600 元，分三次验收合格后支付。第一年验收合格每亩补贴 900 元（苗木补贴 400 元 + 退耕补贴 500 元）；第三年验收合格每亩补贴 300 元；第五年验收合格每亩补助 400 元。

丹巴县现在退耕还林的补贴，是每年每亩 260 元。根据腊月山村平均每人的退耕还林补贴面积，平均每人每年的补贴都超过 750 元，这已经是 2016 年国家贫困线 3100 元的 24.19%。因此，对于当地农户来说是一笔很大的收入。新的一轮退耕还林从 2017 年开始，还不知道腊月山村是否依然包括在新一轮退耕还林补贴的范围内。如果这种补助停止，那么当地村民的生活就会缺少很大一笔收入。生态林补贴（林补）、草原生态保护补贴（草补）和耕地地力保护补贴（地力补贴）等也都是不可持续的。

第六章

腊月山村走出贫困

从前面的分析可以看出，腊月山村在社区层面和农户层面所表现出来的贫困状况是不同的。在社区层面，社区的各种资源都是不足的或匮乏的，而且相互影响。比如，耕地资源的匮乏、农田水利等基本设施不足，导致农业产出极为有限。为了弥补农业生产产出的不足，几乎每户农户都有人外出务工，这又导致村庄人力资源不足，社区公共事务很大程度上也只能依赖女性。社区人力资源不足，经济资源也匮乏，三村和一村从2016年底开始积累了少量集体资产，二村因为不是贫困村，集体资产一直为零。花了大笔资金修建村道和到户路，但是经不起暴雨的考验，修复的速度赶不上垮塌的速度，而农业生产还是靠天吃饭。和很多贫困社区相比，腊月山村还保存着一定的社会资源，比如邻里之间的互助，但是社区的宁静感和归属感等也被不断削弱。

社区资源是社区发展的基础，但是对于社区发展更具有决定作用的是社区可行能力。社区资源的匮乏是可以通过社区可行能力去弥补和改善的。腊月山村的三个村社区资源不同，社区的可行能力也表现出明显的差异。比较而言，腊月山三村的村支书和一村的村委会主任自己致富的能力都很强，但是前者作为社区领袖的领导能力更强。他不仅领导整个腊月山三村的工作，为腊月山三村的发展制定整体的规划，而且组织腊月山三村的村民一起出去打工。腊月山三村和一村都是贫困村，但是他为腊月山三村争取了更多社区内外的资源，有力地推动了腊月山三村的发展。集体行动能力方面，腊月山二村相对较强，能够利用有限的资源，为村民提供一定的公共物品和公共服务。

而农户层面的贫困状况，首先是贫困户的界定。虽然政府给出了明确的给予个人生存最基本需求的贫困线，但是在实践中发现很难仅仅依靠贫困线来划定贫困户。腊月山村大部分村民温饱已经无忧，没有农户存在忍饥挨饿的情况，农户层面的贫困更多地表现为经济的脆弱性、收支的不平衡性和家庭贫困的循环等。腊月山村的村民虽然大多数根据验收的标准已经脱贫，但是仍然面临着贫困的威胁。虽然可以吃饱穿暖，但是作为社会人更重要的是维系家庭的延续，而维持家庭再生产的成本在增加。同时，农户对于资金的刚性需求也在增加，比如农业生产资料的购买，无法自给自足的食品的购买，还有现代医疗和教育制度的进入，都要求农户有更多的资金收入。虽然，总体上来说，腊月山村的村民还是能够维持生产和消费之间的一种脆弱平衡的，但是由于没有结余，这种平衡很容易被打破，比如遇到自然灾害、处于家庭生命周期中缺少劳动力的阶段，或者需要大笔医疗支出或者教育支出等，这些事件都会打破平衡，使农户重新陷入贫困。农户的生计现在更多地依赖于经济作物和外出务工，而这些都会受到市场需求的影响，市场的变动是不确定的，即使政府提供的政策性收入也是有时间限制的。也就是说，农民的收入是不稳定的，而且这种不稳定收入和支出之间的平衡也是脆弱的，随时面临着失衡的风险。

面对这些社区层面和农户层面的贫困，腊月山村如何才能走出贫困呢？或者说，腊月山村中的一村和三村如何摘掉贫困村的帽子呢？腊月山村的农户是如何脱贫的？他们真正摆脱了贫困的威胁吗？

第一节　腊月山村扶贫与脱贫简况

表6-1显示了腊月山村三个村这些年来的主要扶贫项目，不仅有政府投入的项目，也包括四川省国土资源厅投入的项目。表6-1也显示了三个村获得的扶贫项目的巨大差异，三个村都有的项目是通村通畅项

目，是丹巴县交通局的项目。腊月山一村和腊月山三村作为贫困村，都获得了丹巴县扶贫移民局的专项产业扶贫资金，但是腊月山三村的资金额度是腊月山一村的近三倍。

腊月山三村的扶贫项目涉及各个方面，国土资源厅的投入超过 1500 万元，丹巴县的投入超过 600 万元。腊月山三村获得这么多的资金投入，除了村干部获取各种资源的能力较强之外，也是三村本身的条件所致，三村原本的自然资源、地理位置等就远不如二村和一村。现在大量资源的投入，只是在缩小三个村庄在先天禀赋上的差距。三个村因为资金投入差异而导致未来发展的差异，至少在短期内是看不出来的。

虽然腊月山三村相对其他两个村得到了更多的投资，水、路、电等都得到了相当程度的改善，但是我们 2017 年 9 月去调查的时候，发现连日的暴雨让腊月山三村的脆弱性表现无疑。2017 年四川省天气和往年不一样，入秋后本来已经进入旱季但是却雨水频频。三村刚刚修好的路很多处塌方，无法通车。我们到一些贫困户家里调查，都只能步行前往。在山下读书的孩子们也只能到了二村之后徒步回家。在丹巴县"6·15"特大洪水时，村养猪场的地方，水泥路面一半塌陷，原来畅通的道路就不通车了。这也让我们开始重新思考现有的扶贫模式对于腊月山村的适用性。

表6-1 腊月山村三个村扶贫项目

类别	项目名称	帮扶单位	总投资	主要帮扶措施
腊月山三村	土地整理	四川省国土资源厅	600万元	由丹巴县国土资源局负责实施，包括坡改梯整理、灌溉及排水、田间道路建设、农田防护及环境保护等
	村避险场所及活动室	四川省国土资源厅	650万元	由丹巴县国土资源局负责实施，包括场平、周边地质灾害治理以及主体建设、活动院坝建设等。为集避险、活动室、卫生室于一体的多功能场所
	公路沿线地质灾害治理	四川省国土资源厅	220万元	由丹巴县国土资源局负责实施，沿腊月山三村、二村公路沿线共建12个应急排危点
	通村通畅	丹巴县交通局	296万元	通过村民"一事一议"方式修建，硬化公路总里程7公里
	藏香猪养殖	丹巴县扶贫移民局	100万元	主要用于修建藏香猪养殖场，购买养殖设备，引进种猪及猪仔，购买食料等
	扶贫易地搬迁	丹巴县扶贫移民局	33万元	共涉及4户村民，其中3户搬移到太平桥乡场镇，1户搬迁到腊月山一村
	幸福美丽新村	丹巴县扶贫移民局	189万元	涉及入户路建设、太阳能热水器、"五改三建"等
腊月山二村	通村通畅	丹巴县交通局	479万元	通过村民"一事一议"方式修建，硬化公路总里程9公里，村内道路4公里
	土地整理	四川省国土资源厅	162万元	由丹巴县国土资源局负责实施，包括坡改梯整理、灌溉及排水、田间道路建设、农田防护及环境保护等
腊月山一村	通村通畅	丹巴县交通局	257.4万元	通过村民"一事一议"方式修建，硬化公路总里程4.7公里，村内道路2.4公里
	土地整理	四川省国土资源厅	110万元	由丹巴县国土资源局负责实施，包括坡改梯整理、灌溉及排水、田间道路建设、农田防护及环境保护等
	培育特色产业：仔猪繁育合作社	丹巴县移民扶贫局	35万元	建立一个仔猪繁育合作社，由居民承包管理

资料来源：村表，腊月山村三个村提供的相关资料，与半扇门乡的数据有出入。

我们第二次调查发现，大量的雨水不仅导致道路中断，而且腊月山三村春天刚刚种下去的中草药的药苗也受到影响。三村由于坡度过陡，药苗很多被冲走、毁坏。所幸的是村民主要依赖的经济作物——花椒受到的影响不大，村民们2017年的主要收入可能要依赖于花椒。在村里调查的时候，整个村子都弥漫着淡淡的花椒味。当地的另外一项经济作物是苹果，但是由于卖不上价格，疏于管理照顾，虽然苹果的味道不错，但是卖相差强人意，也就更卖不出去了，形成恶性循环，没有办法给几个村的村民带来收入，特别是三村的村民。不过据说公路边的一村村民还是有卖出几千元的。三村的藏香猪已经放入山野，我们去的时候猪圈已经空了。

　　到2016年底，根据《四川省贫困县贫困村贫困户退出验收工作指导意见》，腊月山三村和一村达到了"一低五有"的标准，贫困村的"帽子"已经被摘。相应的这两个村贫困户的帽子也被摘了。反而原来不属于贫困村的腊月山二村，还有部分贫困户的帽子得以保留。4月我们来调研的时候，还没有正式公布，也就是说没有正式成文，但是这次省州已经验收过了。这些贫困村、贫困户的帽子是否被摘，在很大程度上只有统计学的意义。虽然丹巴县扶贫移民局说2014年、2015年"摘帽"的贫困户可能因"摘帽"而无法享受教育和医疗的政策，但是2016年"摘帽"的贫困村和贫困户依然保留着原来的待遇直到2020年，所以这也是贫困村、贫困户对于"摘帽"愿意配合、没有更大反弹的一个重要原因。

第二节　腊月山村扶贫与脱贫方式

这一节，我们将具体讨论腊月山村的扶贫和脱贫方式。正如表 6-1 所示，腊月山三村和一村作为贫困村，得到了多方面的资源投入，特别是腊月山三村。由于丹巴县整体财政是入不敷出的，所以这些村庄能够得到的当地财政支持也有限，更多只能依靠专项扶贫资金。虽然这些投入的确都在某种程度上改变了腊月山村的面貌，但是并没有给腊月山村带来彻底的变化。如果我们将这些行动做简单的分类，大体上包括这样几类，第一类是土地整理，基础设施的重建，地质危害点的排查；第二类是推进经济发展，特别是种植经济作物项目；第三类是直接的扶贫项目，其中影响最大的是扶贫重点村的项目；第四类是政府所采取的一些惠农政策；第五类是社会救助项目。除了政府所采取的行动，村庄本身自然形成的一些东西起到了更大的作用。

一　土地整治（整理）

从前面的分析我们看到，土地整治（整理）成为当前改变土地农业发展方式、提高耕地产能、促进农民增产增收的重要也最为有效的手段，在促进贫困地区的区域发展和脱贫减贫方面发挥着不可替代的作用。具体来说，土地整治（整理）能够提高耕地产能，增加农业生产的产出；改善农业生产条件，奠定土地流转和发展产业的基础；改善农村基础设施建设，拉动和带动投资；雇用大量劳动力，为当地劳动力提供就业的机会；整治迁入地村庄用地和农用地，为易地搬迁奠定基础；修复和保护生态环境，为贫困人口提供参与生态建设并从中获益的机会。

土地整治（整理）是四川省 2015 年以来的扶贫专项之一，从表 6-1 中也可以看到腊月山村三个村的土地整理项目。三个村的土地整理项目总共投入 933 万元，[①] 其中腊月山三村占了 70.85%，比腊月山二村和一村加起来还多。腊月山三村土地整理投入的经费占整个半扇门乡的近一半（48.18%）。这 7 个村中，包括腊月山三村和一村在内的 5 个村是贫困村，腊月山三村投入的资金明显数倍于其他贫困村，这一方面是因为腊月山三村的确海拔较高，耕地极为分散，坡陡土薄，先天禀赋较差；另一方面也是因为腊月山三村是四川省国土资源厅的对口扶贫村。

除了土地整治（整理）项目（见图 6-1），腊月山三村还借助四川省国土资源厅帮扶的优势，获得了 650 万元的投入，在腊月山三村甲布山龙塔色里修建了村避险场所及活动室，建筑面积约 380 平方米，占地面积 1100 平方米，外设篮球场一处，内设卫生室、厨房、会议室、办公室、文化室、多媒体室、卫生室等。腊月山三村海拔为 2800~3200 米，坡陡土薄，没有大块的平坝能够修建这样的办公场所。修建的时候由于场地所限，对周边斜坡进行了开挖、切坡和回填，形成了潜在的隐患。此后，根据有关专家的要求

① 此处为半扇门乡提供数据，与村表有出入。

对周边地质灾害进行治理，以保护活动场所的安全。周边的地质灾害综合治理工程包含抗滑桩、桩板墙、回填、路边堡坎、削方减载、喷锚工程的建设。下面支撑整个平台的 19 根柱子，每根柱子由大量的钢筋构成，每根的成本都是十几万元。因此，在腊月山三村修建这样一栋带有活动院坝的办公场所，成本比在河谷修建要高很多。

图6-1 腊月山村土地整理

这个办公场所除了村"两委"的办公室和会议室，还包含医疗卫生室、文化阅读室等。"卫生室修好后，极大方便了慢性病患者的定期检查。村里的慢性病患者，我们都是建了档案的。我们也会定期对他们进行跟踪检查。"据说卫生室每天都会有两名医生在岗，改变了以前村民因为出门看病不方便，患病之后"小病扛，大病拖"的情况。

腊月山三村地理条件十分恶劣，地形山高坡陡，地势险峻，道路崎岖，沟壑纵横，交通不便，而且地质灾害点较多。一遇大雨就容易发生山洪和泥石流，严重影响村民的日常出行和人身安全。从腊月山三村到腊月山二村，再到河谷的小丹公路只有一条16公里的土路。这条土路是2008年修的，相对海拔高差1000米，暗藏12处地质灾害隐患点。丹巴县交通局2016年重修这条公路，四川省国土资源厅投资220万元，在腊月山三村、二村公路沿线共建了12个应急排危点。现在，腊月山三村和二村的村民再也不用为上山和下山而忐忑不安了。

二　产业扶贫

根据丹巴县"十三五"精准扶贫规划，产业扶贫是丹巴县突破贫困顽疾的重要方法。县政府在丹东、巴底、东谷、半扇门4个乡明确将中药材、核桃、甜樱桃、苹果四大基地作为主要扶贫产业。腊月山三村发展的扶贫产业包括藏香猪养殖和中草药种植，腊月山一村的是生猪养殖和糖心红富士苹果种植，腊月山二村没有什么相关产业。

（一）腊月山三村：藏香猪养殖

腊月山三村的产业扶贫主要是两个项目，一个是藏香猪养殖，一个是中草药种植。腊月山三村藏香猪是本地猪与山林野猪杂交的二代品种，属于原始的野外牧养类瘦肉型猪。它放养在山林间，以天然野生可食性植物及果实为主食，成长周期在两年左右，成年猪平均体重不足80公斤，被称为"高原之珍"。腊月山三村平均海拔

2800~3200米，村里生态环境好，林地资源丰富，特别是退耕还林之后，非常适合这类藏香猪的生长繁殖。

2015年，腊月山三村获得了丹巴县扶贫移民局的100万元产业扶贫专项资金。在四川省国土资源厅的帮扶下，腊月山三村建起标准化藏香猪养猪基地（见图6-2），设有7个基本圈舍、2个调温繁育室。成立了山林藏香猪养殖专业合作社，一共5户农户参与了合作社。按照最初的设想，养猪基地主要用于种猪繁育，猪仔再分给村民，由村民放养到退耕还林留下的林地中。村民"借猪还猪仔"，年底统一结算。给每头猪仔编号，进行监控。如果不能养育成功，罚款6000元，并且取消2~3年养猪资格。

图6-2　腊月山三村藏香猪养殖基地（远景）

腊月山三村的村干部希望把养猪场承包给养殖能人经营：承包户给集体上交一部分（20%），保证集体有收入；给贫困户分一定股份，保证年底有分红，脱贫有保证。但是村民担心亏损，对于藏香猪养殖持观望态度，没有人愿意承包藏香猪养殖基地。因此，村干部就买来 120 头猪仔，聘请两名贫困村民来打工。2016 年出栏 20 头，全部卖给四川省国土资源厅，供不应求，当年销售收入 3.6 万元。

2017 年伊始，贫困户毛某开始承包养猪场，村"两委"召开专门会议，研究决定由毛某承担养殖藏香猪。冰雪融化时节，毛某就把藏香猪赶到海拔 4000 米以上的草场，一般都在山林里放养，饿了就在山上吃野草、啃野果，渴了就饮山泉，如图 6-3 所示。到 11 月，就会回到腊月山三村的养殖基地。然后再用玉米粮食喂养一个月左右，就可以出栏了。毛某每个月有 2400 元的工资，他把家养的 10 头藏香猪仔全部上交给合作社，保守估计收入也有 6000 元。

图 6-3 草场上的藏香猪

目前藏香猪养殖规模还不太大，后续考虑在村集体经济的带动下，可以按户或者联合养殖，扩大藏香猪的养殖规模。现在腊月山三村的藏香猪养殖已经形成了"集中喂养＋散养"的模式。藏香猪合作社免费为腊月山三村的其余 15 户贫困户发放母猪，帮助他们发展藏香猪养殖业。然后以统一价格从村民手中收购猪仔，再把猪仔集中起来，由合作社统一饲养、统一销售。与此同时，合作社会给藏香猪带上标牌，在出售时能够追溯到从产出到销售的源头，提高藏香猪的生态食物市场竞争力。2017 年，合作社的藏香猪卖出 132 头，收益达到 50 万元左右。这些收入除了提留 20% 用作村集体经济和村公益资金，剩下的全部作为红利返还给村里贫困户。

腊月山三村的藏香猪全是放养的，肌肉发达，肉质紧实有弹性，比起圈养猪，肉色更红艳，吃起来更有嚼劲，也更有营养。半扇门乡党委、腊月山三村"两委"班子积极联动，着手打通藏香猪肉进入超市和私人定制的渠道，让更多的城里人吃上原生态藏香猪肉，让村民通过藏香猪养殖稳步增加收入。在成都市成华区龙潭街道办事处的帮助下，村里的藏香猪肉已进入他们的农特超市，实行集中供货销售。合作社成员都希望引进龙头企业，采取"公司＋合作社＋农户"的模式，实行产业化养殖，打造属于村民自己的藏香猪优质品牌，建立稳定的销售渠道，增加村民的收益。

（二）腊月山三村：中草药种植

腊月山三村海拔高，林地面积大，生态环境好。以前也曾经种过党参、当归等中药材，在林地中还发现了野生的中草药重楼。2016 年，丹巴县委、县政府大力扶持各乡镇、各村寨因地制宜地发展种植业。腊月山三村"两委"通过多方考察，反复论证对比，选择了种植市场前景好、投资风险小、适合当地气候和土壤的中药材大黄和羌活，在退耕还林的山地中套种。由县里统一提供中草药幼苗，并提供技术指导。同时在四川省国土资源厅驻县、驻村干部的联系帮助下，和金川药材公司签订了中药材收购协议，金川药材公司提供技术支持并保底回收中药材。现在全村所有的农户都参与中草药种植，全村种植面积超过600亩。

我们在腊月山三村调研的时候，正好是种植中草药幼苗的时候。但是，很多农户还是没有把中草药苗种下，更多的是忙于种植苞谷、土豆等传统的农作物，村干部不得不一户户催促他们赶紧把苗木种下，以免误了农时和季节。这也可能从一定程度上反映了农户对于种植中草药并不重视，村干部也提及很多村民认为种植中草药风险很大。而且种植中草药需要投入更多的精力和时间，以及更多的资金。春季，要细心地栽种和护理幼苗。到了夏季，除留种外，大黄和羌活的花苔要用镰刀割去，并培土到割苔处，用脚踢实，防止雨水浸入空心花序茎中，引起根茎腐烂。而且隔一段时间要去查看一下，免得花苔又冒出来。同时，还要预防羌活根茎的食心虫病，要在农技员的指导下进行杀虫，控制病虫害，避免中草药遭受更大的损失。

根据腊月山三村村主任的说法，大黄和羌活一般为3~4年的生长期。据估算，在正常品种、产量和市场价格的前提下，年均亩产值为3500~6000元，年均亩纯收入为 2500~5000 元，照此计算，腊月山三村每户人家届时将户均增加两三万元。最为重要的是，这些中草药可能成为腊月山三村农户收入的可持续来源。腊月山三村"两委"，下一步准备加强基地建设，以基地为龙头，结合县委、县政府产业发展规划，采取"基地＋支部＋农户"模式，进一步扩大以大黄和羌活为主的特色中药材种植规模，实现产业转型升级，带领群众脱贫致富奔小康。

（三）腊月山一村：生猪养殖

2016 年 10 月，借着丹巴县委、县政府在全县推动培育长期可持续增收产业的机会，腊月山一村成立了的王家湾猪养殖合作社，无息贷款 15 万元，购买了 26 头猪仔。养猪场承包给村里的一个贫困户，因为他除了几株苹果树，没有其他的收入来源。腊月山一村"两委"要求他只要保本，剩下的钱都归承包者自己所有。没有定点帮扶单位，没有固定的渠道销售仔猪和生猪。猪场没有挣到什么钱，少量的收入都给贫困户了。

（四）腊月山一村：种植糖心红富士苹果

苹果也是当地一项经济作物。丹巴县从 20 世纪 50 年代就开始引进苹果种植，80 年代发展较快，成为四川省优质苹果生产基地县。因此，推动苹果种植也成了丹巴县产业扶贫的一项重要举措。腊月山一村有种植苹果的传统，很多农户都在房前屋后种植了几株苹果树。但是这些苹果树由于疏于管理，卖相不佳，卖不出价钱，多是农家自己食用了。为了使苹果种植能够真正成为一项扶贫产业，腊月山一村借着东风，争取了少量的专项产业扶贫资金，种植了128亩糖心红富士苹果。所有的苹果树苗都是由县里统一发放的。苹果树苗要3年以上才能够挂果，目前还看不到成果。

三 扶贫项目

（一）通村通畅工程

2015年，四川省交通厅出台了《2015—2017年农村公路改善提升工程实施方案》，提出在"十二五"期间，四川省相继实施通达通畅工程、农村断头公路和重要乡镇连接路连通、农村公路渡改桥和农村公路改善工程等专项工程建设，累计投资845亿元，新改建公路近10万公里。但是到2014年底，甘孜州等三州还有283个乡镇不通水泥路，474个建制村不通公路，5312个建制村不通硬化路。早期修建的农村公路技术等级低，路片破损严重，公路路基不够宽。地形地质条件复杂，自然灾害频发地区的农村公路沿线挡防和排水设施不完善等。2015~2017年3年间，在甘孜州等三州民族地区继续实施通达通畅工程3.2万公里，主要建设通乡水泥路、通村公路和通村硬化路。四川省按照60万元/公里安排补助资金。

在丹巴县，通村公路的通达通畅工程被称为"通村通畅工程"。从表6-1可以看到，腊月山村三个村都实施了通村通畅工程。腊月山三村，总投资296万元，通村公路7公里，宽3~4米，为混凝土路面加桥梁、护栏等，还有连户路5公里；腊月山二村，总投资479万元，硬化公路总里程9公里，宽3~4米，为混凝土路面加桥梁、护栏等，村内道路4公里；腊月山一村，总投资257.4万元，硬化公路4.7公里，宽3~4米，为混凝土路面，村内道路2.4公里。三村和二村的通村公路有一部分是重合的，山下的小丹公路上山后先到二村再到三村。腊月山三村的定点帮扶单位四川省国土资源厅，在三村和二村公路的沿线建了12个应急排危点。

新修的水泥混凝土通村路、通户路已经通车。站在山崖边向下望去，公路顺着山势而建，自下而上在满山绿色的衬托下，灵动盘旋。腊月山村三个村的村内都形成了四通八达的交通网，彻底改变了村庄的道路状况。腊月山三村的村道两侧还安装了太阳能路灯，解决了村民夜间出行的问题。山下的建材容易运送到山上，山上的农产品、畜产品也容易运送到山下，孩子们周末从学校回家也能够安全快速到家。但是，一方面，从腊月山三村到小丹公路还有部分路面没有完成硬化，有的地方车辆要涉水而过；另一方面，由于山高路陡，路面狭窄，道路有很多急拐弯处，对于行车的动力有很高的要求，而且两车交会的时候对于驾驶员的技术也有很高的要求，如图6-4所示。同时，由于资金的限制，腊月山三村公路沿线很多地方没有建堡坎和挡墙，导致后来遇到连日暴雨公路多处出现了垮塌淹没路面的现象。

图6-4 涉水而过的车辆

（二）农村危房改造

农村危房指的是依据住房和城乡建设部《农村危险房屋鉴定技术导则（试行）》鉴定属于整栋危险（D级）或局部危险（C级）的房屋。属整栋危险（D级）的拆除重建，属局部危险（C级）的修缮加固。农村危房改造是为了保障农村，特别是贫困农村的农户住房安全。根据住房和城乡建设部、国家发改委、财政部关于实施农村危房改造工作的相关要求，四川省从2014年6月启动了农村危房改造调查工作，对存量农村危房户开展调查，鉴定危房等级。2016年初，按照精准扶贫工作要求，结合建档立卡贫困户档案信息表，再次对农村危房存量进行复核。结合脱贫攻坚，藏区新居、彝家新寨、巴山新居、乌蒙新村等幸福美丽新村建设推进农村危房改造，争取在 2020 年完成农村危房改造。

农村危房改造的对象主要有四类家庭：①农村的低保户家庭，共同生活的家庭成员人均年收入低于当地最低生活保障的农村家庭；②农村分散供养的特困人员，包括农村五保户等没有经济来源也没有被政府安置在敬老院等地方的人员；③贫困残疾人家庭；④建档立卡贫困户。在本村另有安全住房、住房拥挤需要分户、在外地（县城、集镇）已经有永久性住房等都不能申请农村危房改造补贴。农村危房改造资金主要来源于中央财政，各个省的额度不一样，各个省的农村危房改造补贴也不一样。四川省的农村危房改造补贴是每户 8500 元。

腊月山村的三个村都有农户获得了农村危房改造的补贴，但并不是所有危房都获得了农村危房改造的补贴。腊月山三村因为同时被纳入了藏区新村项目，所以被纳入农村危房改造的户数是最多的，只有 1 户危房没有获得危房改造补贴。具体来说，房子属于危房，同时被纳入危房改造的农户，腊月山三村的比例为 97.44%，腊月山二村的比例为 55.77%，腊月山一村的比例为 47.17%。腊月山村的摸底调查户表数据没有给出危房是否经过认定的资料，而这是获取农村住房改造补贴的前提条件。通过农村危房改造工程，腊月山村，特别是腊月山三村已经基本住上了传统经典的藏房，全村旧貌换新颜。

（三）藏区新居计划

在"十二五"期间，为了改善贫困地区贫困农牧民住房问题，四川省以"四大连片扶贫片区"为重点，在大小凉山彝区推进"彝家新寨"建设，在藏区推进"藏区新居"建设，在秦巴山区推进"巴山新居"建设，优先帮助最贫困的村和农户建房，不落下一村一户。四川省先后出台了《藏区新居建设实施规划（2013—2015年）》《藏区新居建设实施规划（2016—2020年）》，该规划范围包括甘孜州、阿坝州和凉山州木里县的农区、半农半牧区（不包括已实施牧民定居行动计划的村）。四川省从2015年开始推行藏区六项民生工程计划后，藏区新居计划又被纳入其中，成为藏区六项民生工程之一（见图6-5）。

藏区新居计划，包括贫困藏民新居建设和贫困村公共服务及设施配套建设。新居建设以农户自筹为主，政府补

图6-5 错落有致的改造后的藏民新居

助的额度为每户 20000 元，其中中央农村危房改造补助资金 8500 元 / 户，省级财政配套 11500 元 / 户。贫困村公共服务和基础设施所需资金，来自既有规划渠道资金并整合各级涉农资金和对口支援资金。

根据《2016 年藏区六项民生工程计划的总体工作方案》，要在藏区为 20000 户困难的农牧户实施新居建设。藏区新居建设包括新建和改造两种。一方面，要根据农牧民的意见，以实际需求和个人筹资能力大小规划与建设新居，通过邻里帮扶、结对帮扶、投工投劳等措施减少资金投入，不因新居建设而出现新的贫困人口；另一方面，要坚持宜聚则聚、宜散则散、宜建则建、宜改则改、宜保必保的原则。

甘孜州把"藏区新居"工程作为旅游全域化、新型城镇化、农牧现代化"三化联动"和城乡统筹的核心工作以及扶贫攻坚、改善民生的首要任务来抓，努力在"藏区新居"建设中打造现代业态、现代形态和现代环境统一的新型社区和聚居区。甘孜州的"藏区新居"建设，是在城乡接合部打造新型社区、在高寒边远山区打造聚居点、在中心乡镇打造中心村或新农村综合体。

腊月山三村作为高寒边远山区的贫困村被纳入了藏区新居计划。腊月山三村，有 22 户农户被纳入了藏区新居计划，占所有农户的 57.89%。因为藏区新居计划中政府给农户补贴 20000 元 / 户，包含中央农村危房改造补助资金 8500 元 / 户，所以被纳入藏区新居计划的也都被纳入中央农村危房改造计划。也就是说，腊月山三村有 22 户农户既参加了中央农村危房改造计划，也参加了藏区新居计划，其中不仅有贫困户也有非贫困户。而 16 户只参加了中央农村危房改造计划。许多农户以前的土木房变成了现在宽敞明亮的藏楼，并且房屋外墙也粉刷一新。

（四）幸福美丽新村

2013 年，四川省提出要建设一批业兴、家富、人和、村美的幸福美丽新村。2014 年 6 月出台《创建幸福美丽新村建设机制专项改革方案》，提出要推动主导产业规模化发展，支撑农户持续稳定增收。2014 年 12 月，出台《四川省幸福美丽新村建设行动方案（2014—2020 年）》，提出实施新村建设五大行动："四大片区"人均纯收入不低于10000 元；有 1~2 个优势特色产业，主导产业占人均纯收入 50% 以上；人均住房面积 40 平方米左右，住房达到抗震设防要求，实现人人住有所居，住得安全；村级公共服务中心达到 300 平方米，基本公共服务覆盖面达到 100%；农村院落整治面达到 100%，垃圾、污水无害处理率 90%以上，每年组织群众性文体活动 4 次以上，群众参与面80%。

腊月山三村被纳入了四川省幸福美丽新村建设项目之中，这也是 2016 年藏区六项民生工程计划的一部分。腊月山三村从丹巴县扶贫移民局获得了 189 万元专项扶贫款，着重于完善村落的基础设施建设，开展农村院落整治，加强农村生态文明建设，改善农村的人居环境。因此，腊月山三村的幸福美丽新村建设，给许多散落在山间远离村主干道的农户修建了 3 公里入户路，给村里的所有农户进行了"五改三建"，每户都改建了厕所，建好了洗澡间，装修了厨房，安装了太阳能热水器。同时为改善环境修建了公厕、垃圾池。但是，从实际应用来看，腊月山三村的村民还是更倾向于使用藏族传统的厕所，而且藏族传统的厕所也有卫生和干净的特点。

（五）易地扶贫搬迁

根据四川省"十三五"脱贫攻坚规划，对居住在"一方水土养不起一方人"地区的贫困农牧户来说，易地扶贫搬迁是一项重要的扶贫措施。易地扶贫搬迁对象主要是居住在深山、石山、高寒、荒漠化、地方病多发等生存环境差、不具备基本发展条件，以及生态环境脆弱、限制或者禁止开发地区，难以享受基本公共服务的农村建档立卡贫困人口。

"十三五"期间，四川省易地扶贫搬迁主要针对包括高原藏区在内的四大连片特困地区，计划搬迁建档立卡贫困人口 35 万户 116 万人。搬迁方式包括自然村整村搬迁和分散搬迁两种。相对集中居住在生存环境恶劣、生态位置重要或地方病严重区域的，采取整体迁出方式；对分散居住在高山峡谷、地质灾害频发、地方病多发地区，而且搬迁对象类型复杂的，采取分散搬迁的模式。

腊月山村的易地扶贫搬迁都是"插花式"的搬迁。两个贫困村，腊月山一村易地搬迁2户，涉及资金17万元；腊月山三村易地搬迁4户，涉及资金34万元，其中3户牧户从自然条件恶劣的牛场地区搬到交通极其方便的河谷地带，彻底解决了贫困户的住房困难。

四 惠农政策

近年来实施的一系列惠农政策给村民特别是农村的贫困户带来了很大帮助。普惠制的农业补贴政策更容易使收入较低的村民受益。从我们前面的分析也可以看出，惠农政策带来的政策性收入对于腊月山村的村民来说都是一笔不可或缺的收入。

（一）退耕还林补贴

丹巴县被划归为长江上游生态屏障的核心地带、长江上游和黄河上游的重要水源涵养区，承担着极为重要的生态保育任务。因此，注重修复和保护生态环境，推动大规模的退耕还林（还草）工程是当地一项重要政策。2017年之前，丹巴县退耕还林的补贴是每年每亩260元。

根据《半扇门乡2015年退耕还林补贴花名册总表》，我们整理获得表6-2。获得退耕还林补贴的，腊月山一村有48户，二村有52户，三村有47户。总的来说，除了少数农户，腊月山村的绝大部分农户（腊月山三村的全部农户），都获得了退耕还林补贴。腊月山三村的海拔虽然最高，但是退耕还林的户均面积最大（户均14.61亩），因此腊月山三村村民的户均退耕还林补贴额度也是最高的，将近 4000 元（3799.32 元）。即使户均补贴最少的腊月山二村，户均也有 2457.85 元，占 2016 年国定贫困线 3100 元的 79.28%，这对于一个贫困农户来说也是一笔不可缺少的收入。

表 6-2　腊月山村三个村退耕还林状况

类别	总户数（户）	获得退耕还林补贴户数（户）	退耕还林的总面积（亩）	退耕还林的户均面积（亩）	退耕还林的户均津贴（元）
腊月山三村	47	47	686.8	14.61	3799.32
腊月山二村	54	52	491.57	9.45	2457.85
腊月山一村	59	48	517.67	10.78	2804.05

资料来源:《半扇门乡 2015 年退耕还林补贴花名册总表》。

（二）生态公益林补贴（林补）

生态公益林是指生态区位极为重要，或生态状况极为脆弱，对国土生态安全、生物多样性保护和经济社会可持续发展具有重要作用，以提供森林生态和社会服务产品为主要经营目的的重点防护林和特殊用途林，包括水源涵养林、水土保持林、防风固沙林和护岸林等。

丹巴县作为长江上游和黄河上游的水源涵养地，修复和维护生态，培育水源涵养林和水土保持林是丹巴县另外一项重要的工程。因此，对于腊月山村的村民来说，另外一项重要的政策性收入就是生态公益林补贴。

腊月山村三个村的林地面积都极大：腊月山三村，

林地 2975.26 亩（人均 15.50 亩）；腊月山二村，林地 2975.26 亩（人均 14.95 亩）；腊月山一村没有林地的数据。腊月山村的林补不是根据林地的面积，而是根据家庭人口，每年每人 121.03 元。2013 年享受林补的农户，腊月一村 58 户，人均 527.94 元；腊月山二村 51 户，户均 560.06 元；腊月山三村 49 户，户均 511.29 元。林补的额度远小于退耕还林补贴，但是对于贫困人口而言，这也是一个重要的收入来源。

（三）草原生态保护补贴（草补）

为了保护草原生态，保障牛羊肉等特色畜产品供给，促进牧民增收，从 2011 年起，国家在包括四川省在内的全国 8 个主要草原牧区省区和新疆生产建设兵团，全面建立草原生态保护补助奖励机制。实施禁牧补助［6 元 /（亩·年）］、草畜平衡奖励［1.5 元 /（亩·年）］，给予牧民生产性补贴（500 元 / 户）。为了加快草原保护，在"十三五"期间，启动新一轮草原生态保护补助奖励政策，包括禁牧补助［7.5元 /（年·亩）］、草畜平衡奖励［2.5 元 /（亩·年）］。

丹巴县位于半农半牧交错地带，腊月山村三个村都既有耕地、林地，也有牧草地。腊月山一村的草场面积 2000 亩，二村的草场面积 4500 亩，三村的草场面积 4500 亩。因此，腊月山村的政策性收入除了退耕还林的补贴、林补，还有草原生态保护补贴（草补）。根据《腊月山村 2014 年草补发放花名册》，腊月山村村民领取的草补也是按照家庭人口来计算的，平均 155.93 元 / 人。腊月山三村有 46 户村民有草补，户均 657.61 元，稍高于林补的户均额度。这笔收入对于贫困农户来说一样重要。腊月山一村和二村的草补资料没有找到。

（四）耕地地力保护补贴（地力补贴）

2016 年国家全面推行农业"三项补贴"政策改革，将以往的粮食直补、农资综合补贴、农作物良种补贴合并为"农业支持保护补贴"，并且将目标调整为支持耕地地力保护和粮食适度规模经营，因此也称为"耕地地力保护补贴"。耕地地力保护补贴对象原则上为拥有耕地承包权的种地农民，鼓励农民主动保护耕地地力，提高农业生态资源保护意识，自觉促进耕地质量提升，实现"藏粮于地"。

根据半扇门乡 2016 年度地力补贴基础数据，腊月山村三个村都只有旱地，没有水田，因此承包面积就是旱地的面积，而粮食播种面积都稍大于承包面积。耕地地力保护补贴（地力补贴）是按照粮食播种面积来计算的，平均57.81 元／亩。如表 6-3 所示，获得地力补贴的，腊月山一村有 49 户，二村有 45 户，三村有 41 户。因为腊月山一村户均粮食播种面积是最大的，所以户均耕地地力保护补贴也是最多的。在几种政策性补贴中，地力补贴的额度是最小的，但是对于贫困家庭来说也是一种收入。表中只是平均值，而对于那些耕地较多的家庭来说，这一补贴也是重要的收入来源。

表6-3 腊月山村三个村耕地地力保护补贴状况

类别	总户数 （户）	获得地力 补贴户数 （户）	户均承包 面积（亩）	户均旱地 面积（亩）	户均粮食 播种面积 （亩）	户均耕地 地力保护 补贴（元）
腊月山三村	47	41	3.127	3.127	3.987	230.49
腊月山二村	54	45	3.448	3.448	4.347	251.31
腊月山一村	59	49	4.502	4.502	5.250	303.51

资料来源：半扇门乡2016年度地力补贴基础数据。

五 社会安全网

建构社会安全网，也就是通过社会救助政策来兜底，保证那些没有劳动能力、无法通过产业扶持和就业帮助实现脱贫的农牧民通过农村最低生活保障制度等实现生活无忧。

（一）特困人员救助

特困人员救助制度在农村，就是以前的农村五保户制度，主要针对的是农村没有劳动能力也没有经济来源的老弱孤残。保吃、保穿、保衣、保住、保葬（保教），简称为"五保"。在农村改革以前，生产队承担了五保户供养的责任。在集体经济解体以后，五保户的供养主要依靠国家了。

腊月山村共有11户五保户，一村2户，二村4户，三村5户。基本都是鳏寡孤独的老人，没有劳动能力，也没有生活来源，没有人供养。腊月山村没有敬老院，这些五保户都是分散供养的。五保户享受农村危房改造补助，享受城乡居民医保，应当缴纳的保费由财政全额支付。逢年过节的时候，乡镇政府和村委会会送去棉衣棉裤、藏装、大米、面粉、清油等慰问品和救济品。供养标准根据农村低保标准调整，不低于农村低保标准的1.3倍。

（二）农村最低生活保障制度

根据2010年发布的《四川省农村居民最低生活保障办法》，农村最低生活保障制度，是指政府对于家庭年均纯收入低于户籍所在地农村最低生活保障标准的农村贫困家庭予以生活补助的社会救助制度。户籍状况、家庭收入、家庭财产是认定低保对象的三个基本条件。农村低保标准应与扶贫标准相衔接，农村低保标准要按照量化调整机制科学调整，确保农村低保标准不低于按年度动态调整后的国家扶贫标准。

《四川省"十三五"扶贫攻坚规划》强调，要强化农村居民最低生活保障制度和扶贫开发政策的有效衔接，确保2016年和2017年两年内，全省农村最低生活保障标准达到国家扶贫标准。2016年起，四川将全省农村低保标准由2280元/年提高到2880元/年，计划"摘帽"的贫困县低保标准提高到3120元/年。从2016年起，在按现行低保政策发放低保补助金的基础上，对全省年收入低于国家扶贫标准的农村低保对象，增发低保对象特殊生活津贴，确保低保对象年收入达到贫困线3100元/年，实现低保线和贫困线的合一。2017年，丹巴县的贫困线为3300元/年，2018年为3720元/年。

低保申请是以家庭为单位的。但是我们在腊月山村的调查发现，低保补助金有的是全家享受，有的是个人享受，平均每人每年能够获得 1400 元低保补助金。无论是对于低保户还是低保贫困户，低保补助金都是一笔不菲的收入。我们从表 3-1 可以看到，通过整理腊月山村三个村的摸底调查户表数据，腊月山村共有低保户 85 户，三村 33 户，二村 13 户，一村 39 户；低保贫困户 18 户，三村 10 户，二村 2 户，一村 6 户。也就是说，对于腊月山村的贫困农户来说，农村最低生活保障制度是能够保障最贫困农户都从中受益的制度。除了能够获得低保补助金，低保户还能够获得农村危房改造津贴，参加藏区新居工程、幸福美丽新村等相关扶贫项目。

六 教育和医疗

在半扇门乡的 7 个贫困村中，因病 / 因残和因学致贫是贫困的主要类型，或者换句话说，疾病 / 残疾和教育是贫困的两个主要因素，也是阻碍农户脱贫的两个最重要的因素。因此，教育扶贫和医疗救助，是四川省"十三五"扶贫攻坚规划的重点，也是丹巴县救助农村贫困人口的主要路径。

为了弥补普惠性的扶贫政策无法覆盖所有人的不足，满足精准脱贫的现实需求，四川省创立了"四项基金"政策。所谓的四项基金包括县级教育扶贫救助基金、医疗扶贫救助基金、扶贫小额信贷分险基金和贫困村产业扶持基金。四川省要求教育和医疗扶贫基金每个县不少于300万元，实际上按500万元筹集。

（一）教育

由于四川省给高原藏区提供的特殊教育扶贫政策，包括最为知名的藏区"9+3"免费教育计划，丹巴县对于建档立卡贫困户的孩子，从学前教育到高等教育阶段，包括中职教育和高职教育阶段，都给予各种津贴。不仅有学费减免，还有书本费补贴，更有生活补助等。相比汉族的贫困地区，四川高原藏区政府在教育方面投入了更多。

但是，同时我们从调查中也可以看到，腊月山村村民的支出中，教育支出在家庭支出中的比例还是相当高的。根据腊月山一村和三村摸底调查户表的数据，如果单独计算有教育支出家庭的支出结构，三村教育支出占家庭支出的比例高达57.29%，一村也有40.82%。根据我们在腊月山村调查农户的数据，教育支出在家庭总支出中的份额超过1/4。上文也显示了腊月山村被访农户中各个年龄阶段孩子家庭的教育支出。

这个结果说明虽然国家在高原藏区投入了大量的资金来减轻贫困山村农户在教育方面的重负，但是这种情况并没有得到明显缓解，特别是在上了高中以后。除了学费这些特定费用之外，还有很多其他和教育相关的费用是政府教育扶贫所无法覆盖的，比如陪读租房的费用，还有不在学校吃饭的孩子的伙食费，以及无法进入公立幼儿园的学龄前儿童的托育费。在访谈中，被访者和当地的村干部也告诉我们，很多教育扶贫的优惠政策是需要申请的，但是手续或者烦琐，或者需要在线申请，对于很多农户来说无法实现，那些政策实际在某种程度上等同于虚设。

（二）医疗

看病就医，是造成农户贫困的原因，也是阻碍农户脱贫的因素。四川省在医疗扶贫方面的政策，除了前面提及的县级医疗救助资金，还包括新型农村合作医疗保险、城乡居民大病保险、重特大疾病医疗救助等。新型农村合作医疗保险四川省的缴费额度是人均180元。大病保险资金从新农合基金中列支，每人每年10~40元。大病保险对基本医疗保险补偿后需个人承担的合规医疗费用报销的起付标准不得高于农村居民年人均纯收入，总体支付比例不低于50%。重特大疾病医疗救助对象主要是低保户和建档立卡贫困户，救助比例不低于70%。

访谈资料显示，丹巴县对贫困户实现了基本上零支付的医保政策，到本地县医院看病住院不需要支付什么就能享受一样的医疗待遇，年初至调研时的住院费用少报销部分已经由县财政及时返回给村民，此项政策大大减轻了因病致贫家庭的就医压力，实现了病有所医的目标。

前文中腊月山村被访农户的回答显示，当地村民的健康状况不容乐观。所有家庭成员中不健康的比例高达34.5%，其中有长期慢性病的为20.8%，患有大病的为6.1%，残疾的为7.1%。而从农户的层面来看，75%的农户家庭都至少有一位家庭成员身体不好，都有医疗费用的支出。虽然被访农户家庭成员新农合的参保率高达 97.4%，但是对于很多家庭来说，医疗费用中很大一笔还是需要自费的，自费的比例占了医疗总支出的 63.34%。从被访农户病患的治疗方式来看，比例最大的是选择自行买药，而这样做不符合新农合的报销要求，实际只能自费，政府的医疗救助政策没有发挥应有的作用。对于那些不是低保户或者建档立卡贫困户的人来说，即使患重病，也无法从重特大疾病医疗救助中获得帮助。

七　外出务工 / 非农就业

从前面的收入分析可以看到，对于腊月山村的村民来说，外出务工是最为重要的一项收入来源。腊月山三村的村支书甚至带着村民一起到外面务工。这些村民外出务工不是政府支持的结果，而是村民自发形成的，是借助各种社会关系发展起来的，比如像腊月山三村的村民那样依赖村支书的带领。腊月山村的劳动力培训更多的是农业技术方面的培训。

腊月山村村民外出务工主要在丹巴县及周围的四川藏区，以及成都等其他川内大城市，较少有前往沿海城市务工的村民。他们从事的行业以建筑业等为主，特别是在藏区，村民拥有一定的建筑技术和经验，在"关外"（炉霍、道孚等更接近西藏的四川藏区）从事建筑、运输等行业有更高的经济收入。被访者也告诉我们，对于腊月山村的村民来说，对整个家庭和年轻人最有吸引力的是在政府部门、事业单位"拿工资"的就业岗位，不少家庭也在帮助子女获得这样的就业机会，很多年轻人专门花一两年的时间准备公务员考试。

比较而言，腊月山村的劳动力外出务工的比例并不高，特别是外出务工半年以上的。比例最高的是腊月山一村，外出务工的劳动力占总劳动力的53.01%，外出务工半年以上的劳动力占总劳动力的28.92%。实际上，腊月山村外出务工的人可能比表格统计中显示的比例更高，因为根据腊月山村农户摸底调查情况，腊月山村81.88%的农户都有外出务工的收入，那意味着至少家中有一个劳动力外出务工了。被访者告诉我们，腊月山一村有不少农户依靠非农经营发家致富。但是，大部分农户即使有外出务工收入补贴生计，其收支也依然处于脆弱平衡之中，很容易被打破。

第三节　腊月山村扶贫与脱贫成效

实施土地整治（整理）工程，大规模有效改善了腊月山村的基础设施，既包括农业生产条件，比如土地平整，修缮包括水窖在内的农田水利基本设施；也包括腊月山村的生活基础设施，比如硬化入户路和连户路，在村主要干道上排查危险点，建堡坎和挡墙维护路面安全等。这些措施既改善了腊月山村的生产生活条件，也帮助他们节约了生产生活成本，提高了收入。

产业扶贫，帮助腊月山村的村民找到了一条可以持续脱贫的路。腊月山三村的藏香猪养殖，现在参加的农户还很少，到调研为止只有 5 户农户，分红也只涉及其余 16 户建档立卡贫困户。中草药种植，几乎全村都参加了，但是现在还没有到收成的季节。虽然公司有保底价格，但是最终能够给村民们带来多少收入还有待时间的考验。腊月山一村的生猪养殖规模更小，到调研为止也只有 20 多头猪，参加合作社的农户也只有 5 户。生猪还没有出栏，所以能够给村民们带来的收益目前还是未知的。刚刚种下去的红富士苹果树也还没有真正挂果，也有待于来年收果。

政府大规模投入的各种扶贫项目，包括通村通畅工程、农村危房改造、藏区新居计划、幸福美丽新村等，进一步改善了腊月山村村民的生产生活条件，尤其是建档立卡贫困户的生活条件，改造了危房，修建了传统的具有民族特点的藏房，改建了厕所，装修了厨房，安装了太阳能热水器，村里修建了公厕、垃圾池等。虽然比较而言，建档立卡贫困户从这些扶贫项目中获益更多，或者说在优先序列中更为靠前，但是在某种程度上也可以说是普惠的，特别是对于腊月山三村的村民来说。从前面的分析我们也可以看到，不仅是道路这些公共设施惠及所有村民，危房改造的范围实际上也不仅仅限于那些建档立卡贫困户。因此，这些普惠性的扶贫项目、政府投入的大笔资金，还是在很大程度上使贫困地区的村民从中获益。

易地扶贫搬迁对于"一方水土无法养活一方人"的地方农牧户来说，是一项重要的扶贫措施，也是能够帮助他们真正摆脱贫困的措施。对于腊月山村的村民来说，他们地处高寒地区，生存环境差，生态环境脆弱，公共服务设施虽然有了极大的改善但是还很脆弱，如果仅仅依靠这方水土的农业产出，当地农牧民已经很难维持生计了，只能依赖外来资源，比如外出务工等。但是，腊月山村的易地扶贫搬迁还是"插花式"的。腊月山村易地扶贫搬迁的4户，其中3户都是常年生活在海拔4000米以上高山牧场的牧户，实施易地扶贫搬迁，在河谷的太平乡建了新家，另外一户搬迁到海拔更低的二村。另外还有一村的2户。对于这些农户来说，易地扶贫搬迁的确极大地改善了他们的生产生活条件。

除了前面提及的扶贫项目，政府近些年来实施的一系列普惠性的惠农政策，诸如退耕还林补贴、生态公益林补贴、草原生态保护补贴、耕地地力保护补贴，给腊月山村的村民特别是贫困户带来很大的帮助，这些政策性收入在他们的总收入中占据了很大比例。而特困人员救助、农村最低生活保障等构建成的社会安全网，保证那些没有劳动能力、无法通过产业扶持和就业帮助实现脱贫的农牧民能够享受基本的生活，温饱无忧。对于低保户和低保贫困户来说，农村低保补助金都是一笔不菲的收入。

教育支出和医疗支出是腊月山村村民致贫的主要因素，是脱贫的主要障碍。四川省扶贫移民局设置的县级层面超过300万元的教育扶贫救助基金和医疗扶贫救助基金，保证了县级层面教育津贴和医疗报销救助等不会因为资金匮乏成为一纸空文。丹巴县地处高原藏区，在教育方面有着更多的津贴，义务教育阶段全部免费，还有生活费方面的津贴。在医疗方面，除了新农合，还有城乡居民大病保险，对于低保户和建档立卡贫困户，还有重特大疾病医疗救助。这些政策在相当程度上减少了贫困地区农牧户在教育和医疗方面的支出。

综合各种扶贫措施和方法，腊月山村的三村和一村在2016年成功摘掉贫困村的帽子，两个村的建档立卡贫困户也成功脱贫。但是，两个村庄"摘帽"后，贫困户脱贫后，依然享受原来和贫困村、建档立卡贫困户相关的政策。

（一）腊月山三村

根据《四川省贫困县贫困村贫困户退出验收工作指导意见》，以及四川省移民扶贫局对四川省贫困村退出机制的要求，2016年底腊月山三村实现了贫困村"摘帽"的各项指标要求，建档立卡贫困户实现了贫困户脱贫各项指标要求。

1. 贫困村"摘帽"

"一低"，贫困发生率低于3%。腊月山三村2014年建档立卡时贫困户17户53人，其中1户1人已于2014年脱贫。其余的16户贫困户，根据农户摸底调查户表的数据，人均收入已经超过了6000元，这里面没有去除生产的支出，但是从前文也可以看到生产支出的额度是很小的。因此，可以说他们的人均纯收入达到国家贫困线3100元以上，实现了所有贫困户的全部脱贫。本村贫困发生率低于3%，达到贫困村"摘帽"标准。

"五有之一"：硬化道路。腊月山三村 2016 年实施了"通村通畅"项目、县委农办的幸福美丽新村建设项目以及四川省国土资源厅土地整理项目。其中，"通村通畅"项目完成了村内 7 公里 3~4 米宽通村主干道现浇砼硬化建设；幸福美丽新村与土地整理项目共同完成了村内 5 公里 2.5 米宽连户道路硬化以及 3 公里 1 米宽人行入户道路的修缮硬化，真正实现了硬化路到家门口。

"五有之二"：医疗卫生室。2016 年度，借助四川省国土资源厅帮扶的优势，丹巴县国土资源局在本村甲布山龙塔色里建设避险场所和活动室。活动室内包含医疗卫生室、文化阅读室、会议室、村"两委"办公室等。其中医疗卫生室中备有听诊器、血压计、体温表、常用药品等设备设施。

"五有之三"：文化室。避险场所与新建村级活动室配套建设。文化室中有图书、阅读桌椅等，面积也达到 40 平方米。

"五有之四"：通信网络。三村目前所有住户的房屋所在位置基本上实现无线通信网络的全覆盖，但部分地方信号较弱。

"五有之五"：村集体经济。2016 年，三村通过饲养藏香猪并将其收入的 10% 提留为集体经济，藏香猪养殖已经取得了成功，实现了村集体经济从无到有的变化。2016 年通过工程建设征收土地占用补偿收入的村集体经济金额达到 2000 元，实现了全村人均 10 元的标准；另外，三村党员示范项目养殖藏鸡已经成功，其销售收入的 10% 提留为集体经济，已经销售了部分藏鸡，估计销售额在6000元左右，可提留600元，扩大了集体经济来源。

2. 贫困户脱贫

"一超过、两不愁"已经实现：从前面的分析可以看到，腊月山村虽然农业产出没有很大的改善，对于农民收入的增加没有很大帮助，但是一方面，当地村民都享受了退耕还林补贴、生态公益林补贴、草原生态保护补贴、耕地地力保护补贴等政策性补贴，据估算这些政策性补贴，人均收入在1800~2000元；另一方面，还有一批贫困户享受了低保兜底的政策，有2户为全家享受低保，有4户享受了个人低保，每年每人可以领到1400元左右的补助。

腊月山三村的藏香猪养殖已经成功，届时此项收益可以为全体贫困户带来人均600~800元的红利。2016年花椒种植取得了丰收，比往年增产30%~50%，一般都能达到100斤以上，收入多在4000元以上。腊月山三村的通村公路和土地整理项目建设需要较多的人工，贫困户都参与其中，务工时间一般在一个半月以上，收入一般都在4000元以上，多的家庭能够达到上万元。总的来说，贫困户的年人均纯收入已经超过了3100元的国家贫困线，不愁吃、不愁穿。

义务教育有保障。全村贫困户中有14名学生，2016年毕业了4名学生，调研时还有10名在读学生，下一年还有3名即将毕业的大中专生。全村没有因病、因经济原因辍学的学生，全部都在读，国家义务教育政策落到实处，全村义务教育得到了根本性的保障。在读的大中专生同时享受国家入学奖励和在读期间的助学金，按照所读学位的不同每生每年享受 2000~5000 元不等的补助，让贫困学生减去了沉重的经济负担。

基本医疗有保障。全村的贫困户都已经购买了医保，医保政策让贫困户基本上实现了零支付，到本地县医院看病住院不需要什么支付就能享受一样的医疗待遇，年初至调研时的住院费用少报销部分已经由县财政及时返回给村民，此项政策大大减轻了因病致贫家庭的就医压力，实现了病有所医的目标，真正让贫困群众看得起病、住得起院。

住房安全有保障。贫困户的住房一般建于 2000 年左右，少量的建于 20 世纪 90 年代末期。通过农村危房改造项目和藏区新居项目，多数住房经过了风貌改造和加固。4 户贫困户申请了易地搬迁安置。3 户被集中安置在太平桥乡，新房已经修建完成。有 1 户购买了腊月山一村村民的旧房，经过翻修后房屋的安全没有问题，翻修已经结束。

（二）腊月山一村

根据《四川省贫困县贫困村贫困户退出验收工作指导意见》，以及四川省移民扶贫局对四川省贫困村退出机制的要求，2016 年底腊月山一村实现了贫困村"摘帽"的各项指标要求，建档立卡贫困户实现了贫困户脱贫各项指标要求。

腊月山一村 2014 年初有贫困户 16 户 48 人。2015 年清退了有车辆、家中有公职人员以及亡故等原因的 5 户 16 人，新增贫困户 1 户 5 人，最终确定建档立卡贫困户 12 户 37 人，其中 1 户 1 人已于 2014 年脱贫，1 户 2 人已于 2015 年脱贫。

1. 贫困村"摘帽"

"一低"：腊月山一村最终确定的建档立卡贫困户 12 户 37 人，其中 1 户 1 人已于 2014 年脱贫，1 户 2 人已于 2015 年脱贫。2016 年，其余 10 户 34 人，根据农户摸底调查户表的数据，人均收入已经超过了 6000 元，这里面没有去除生产的支出，但是从前文也可以看到生产支出的额度是很小的。因此，可以说他们的人均纯收入达到国家贫困线 3100 元以上，实现了所有贫困户的全部脱贫。

"五有之一"：硬化道路。腊月山一村 2016 年实施了"通村通畅"项目、县委农办的幸福美丽新村建设项目以及四川省国土资源厅土地整理项目。其中，"通村通畅"项目完成了村内 4.7 公里 3~4 米宽通村主干道硬化建设；幸福美丽新村与土地整理项目共同完成了村内 3.5 公里 2.5 米宽连户道路硬化以及 6.8 公里 1 米宽人行入户道路的修缮硬化。

"五有之二"：医疗卫生室。2016 年，丹巴县委组织部在一村河谷一级阶地位置通过统规统建方式新建了村级活动室，活动室内包含医疗卫生室、文化阅读室、会议室、村"两委"办公室等。其中医疗卫生室中备有听诊器、血压计、体温表、常用药品等设备设施，符合贫困村退出中的医疗卫生室标准。

"五有之三"：文化室。与新建村级活动室配套建设。文化室中有图书、阅读桌椅等，并制定了图书借阅制度。

"五有之四"：通信网络。一村目前所有住户的房屋所在位置均能实现无线通信网络的全覆盖。

"五有之五"：村集体经济。2016年，一村通过租赁老村级活动室给外来施工单位，实现了村集体经济从无到有的变化，村集体经济金额为2000元，超过人均3元。未来，一村将通过已经成立的仔猪繁育合作社发展村集体经济。

2. 贫困户脱贫

本村2014年建档立卡时贫困户12户37人，其中1户1人已于2014年脱贫，1户2人已于2015年脱贫。其余的10户34人通过"五个一批"帮扶政策实现了"一超过，两不愁，三保障"。

（1）HXG：家庭人口1人，已于2014年脱贫。家庭经济来源主要是外出务工，2015年、2016年户主均长期在外务工。家庭住房安全，能够享受基本医疗保障。

（2）SWQ：家庭人口2人，已于2015年脱贫。2016年享受了易地扶贫搬迁政策，目前该户新居已修建完成并入住。家庭人口能够享受基本医疗保障。户主女儿于2016年考上丹巴县检察院公职岗位，实习工资每月超过1500元。本年度靠出售花椒获得纯收入3600元，政策性收入3644元，任干部补贴1200元，家庭纯收入共计10244元，人均纯收入5122元。

（3）MZY：家庭人口2人，已于2016年脱贫。家庭住房安全，家庭人口能够享受基本医疗保障。家庭增收方面主要通过户主外出务工收入4400元，花椒纯收入960元，政策性收入3209元，人均纯收入4284.5元。户主女儿于2016年从学校毕业，可以通过务工、务农为家庭增收。若无意外发生不存在返贫风险。

（4）MZX：家庭人口4人，已于2016年脱贫。家庭住房安全，家庭人口能够享受义务教育和基本医疗保障。该户已整户纳入低保兜底范围。MZX参与村内道路建设获得工资性收入1500元，出售藏鸡获得6000元纯收入，出售苹果、野菌收入600元，政策性补贴收入8863元，家庭纯收入共计16963元，人均纯收入4240.75元。未来通过村集体经济产业的公益性岗位和全家低保兜底维持生活，若无意外发生不存在返贫风险。

（5）SWY：家庭人口5人，已于2016年脱贫。家庭住房安全，家庭人口能够享受义务教育和基本医疗保障。2016年9月，家中高龄老母亲去世。2016年，对该户母猪养殖进行了帮扶，户主也通过外出务工为家庭增收。2016年打工收入12000元，出售花椒纯收入6000元，养殖母猪出售猪仔获得4000元纯收入，生产支出6600元，政策性补贴收入4423元，家庭纯收入共计19823元，人均纯收入3964.6元。

（6）WCY：家庭人口4人，家庭住房安全，已于2016年脱贫。家庭人口能够享受义务教育和基本医疗保障。户主近年来常年在外务工，妻子也在家中务农。2016年，打工收入 15000 元，出售蔬菜收入 10000 元，生产支出 7300 元，政策性补贴收入 538 元，家庭纯收入共计 18238 元，人均纯收入 4559.5 元。未来通过出售蔬菜和外出务工，若无意外发生不存在返贫风险。

（7）WZH：家庭人口 1 人，已于 2016 年脱贫。家庭住房安全，家庭人口能够享受基本医疗保障。2016 年，通过出售花椒收入 2000 元，生产支出 800 元，政策性补贴收入 2980 元，家庭纯收入共计 4180 元，人均纯收入 4180 元。未来通过出售花椒及政策性补助，若无意外发生不存在返贫风险。

（8）WSG：家庭人口 3 人，已于 2016 年脱贫。家庭住房安全，家庭人口能够享受义务教育和基本医疗保障。2016 年，通过在石渠县务工收入 9000 元，出售猪仔获得 6000 元收入，生产支出 5900 元，政策性补贴收入 2869 元，家庭纯收入共计 11969 元，人均纯收入 3989.7 元。未来通过母猪养殖和外出务工，若无意外发生不存在返贫风险。

（9）WSH：家庭人口 3 人，已于 2016 年脱贫。家庭住房安全，家庭人口能够享受义务教育和基本医疗保障。2016 年，户主在村内建设中驾驶车辆运输建筑材料获得工资性收入 18000 元；本年度靠出售花椒获得 500 元家庭经营性收入，生产支出 6200 元，政策性补贴收入 540 元，家庭纯收入共计 12840 元，人均纯收入 4280 元。未来通过外出务工，若无意外发生不存在返贫风险。

（10）YZY：家庭人口 5 人，已于 2016 年脱贫。家庭住房安全，家庭人口能够享受义务教育和基本医疗保障。

2016 年，户主儿子外出务工获得工资性收入 16000 元，出售花椒获得 4000 元家庭经营性收入，生产支出 3100 元，政策性补贴收入 5895 元，离任村干部补贴 1440 元，家庭纯收入共计 24235 元，人均纯收入 4847 元。未来通过出售花椒和外出务工，若无意外发生不存在返贫风险。

（11）YFX：家庭人口 2 人，已于 2016 年脱贫。家庭住房安全，家庭人口能够享受义务教育和基本医疗保障。YFX 已外嫁西藏，在西藏务工获得工资性收入 9000 元，政策性补贴收入 513 元，家庭纯收入共计 9513 元，人均纯收入 4756.5 元。未来通过外出务工，若无意外发生不存在返贫风险。

（12）YMF：家庭人口 5 人，已于 2016 年脱贫。该户享受了易地搬迁政策，目前该户新居已修建完成并入住，家庭住房安全。家庭人口能够享受义务教育和基本医疗保障。户主女儿考取了石渠县卫生系统职务，工资收入为 12000 元；其他家庭成员在丹巴县域内务工收入 3000 元，出售花椒获得 10000 元，生产支出 8000 元，政策性补贴收入 3849 元，家庭纯收入共计 20849 元，人均纯收入 4169.8 元。未来通过工资性收入及出售花椒，若无意外发生不存在返贫风险。

（三）腊月山二村

腊月山二村不是贫困村，因此没有贫困村"摘帽"的问题。但是，腊月山二村的贫困户也很多，腊月山二村的贫困户从 2014 年到 2017 年陆续脱贫。我们根据腊月山二村贫困户明白卡、农户摸底调查户表和调查的数据，整理获得了腊月山二村贫困户的资料和脱贫状况。

（1）YZH：家庭人口2人，2014年已脱贫。2014年住房已经进行了危房改造，家庭住房安全。老两口都参加了新农合，家庭人口能够享受基本医疗保障。2016年，农业经营收入2000元，农业经营支出1500元，低保金2868元，养老金700元，政策性补贴收入4532元，家庭纯收入8600元，人均纯收入4300元。通过低保兜底，若无意外发生不存在返贫风险。

（2）MBX：家庭人口1人，2015年已脱贫。2015年住房已经进行了危房改造，家庭住房安全。MBX身体健康，已经参加了新农合，能够享受基本医疗保障。每年的政策性补贴收入3763元，超过了3100元。若无意外发生不存在返贫风险。

（3）YZH：家庭人口5人，2015年已脱贫。2015年住房已经进行了危房改造，家庭住房安全。家庭中5口人，2个劳动力，1个孩子残疾，2个孩子正在上学，教育都有保障。5人都参加了新农合，都能够享受基本医疗保障。2016年出售花椒获得收入12000元，农业支出4800元，打工收入14357元，低保金补贴1080元，政策性补贴收入7323元，家庭纯收入29960元，人均纯收入5992元。

（4）WPC：家庭人口2人，计划2017年脱贫，危房户。2人都参加了新农合和城乡居民基本养老保险，能够享受基本医疗保障。2015年，帮助其外出务工，实现收入的增加。2016年，落实国家医疗救助政策。2017年，帮助修建通户路。农业经营性收入 4000 元，农业支出 1600元，务工收入 2399 元，政策性收入 6273 元，家庭总收入11072 元，人均纯收入 5536 元。

（5）WCH：家庭人口 5 人，2016 年已脱贫。2016 年实施危房改造，住房安全有保障。所有的家庭成员都参加了新农合，基本医疗有保障。没有家庭成员年龄小于 18岁。2016 年，工资性收入 7966 元，农业经营性收入 2000元，生产支出 100 元，养老金 700 元，政策性收入 5166元。家庭总收入 15732 元，人均纯收入 3146.4 元，刚刚超过国定贫困线 3100 元。

（6）ASZ：家庭人口 1 人，2016 年已脱贫。住房是2008 年盖的，被访者认为自己住房状况良好，住房安全有保障。参加了新农合和城乡居民养老保险，基本医疗有保障。每年政策性收入 7816 元，已经远远超过国定贫困线3100 元。

（7）YGC：家庭人口 3 人，2016 年已脱贫。经过危房改造，住房有保障。所有家庭成员都参加了新农合，基本医疗有保障。2015 年，帮助其外出务工，实现增收。2016年，对家庭劳动力提供短期技术培训和引导就业服务，增加收入，并跟踪落实国家医疗救助政策。2016 年经营性收入 16222 元，政策性收入 2858 元，家庭总收入 19080 元，人均收入 6360 元，超过国定贫困线 3100 元。

（8）WCG：家庭人口 3 人，2016 年已脱贫。危房户，没有被纳入农村危房改造。家庭中 2 位成员参加了新农合和城乡居民养老保险，基本医疗有保障。2015 年，帮助其外出务工，实现增收。2016 年，对其家庭劳动力人口提供短期技术培训和引导就业服务，增加收入。落实国家医疗救助政策。家庭农业经营性收入 2000 元，务工性收入 14438 元，政策性收入 3771 元，家庭总收入 20209 元，人均收入 6736.3 元。

（9）LHC：家庭人口 5 人，预计 2017 年脱贫。住房经过危房改造，住房有保障。所有家庭成员都参加了新农合，基本医疗有保障。所有的孩子都已经成年。2015 年，帮助其外出务工，实现增收。2016 年，支持其子女出门创业。2017 年，跟踪落实国家医疗救助政策，引导外出务工。2016 年，家庭农业经营性收入 2500 元，劳动力外出务工收入 22180 元，政策性收入 4068 元，家庭总收入 28748 元，人均收入 5749.6 元。

（10）YCS：家庭人口 5 人，预计 2017 年脱贫。住房经过危房改造，住房有保障。所有的家庭成员都参加了新农合，基本医疗有保障。2015 年，帮助其外出务工，实现增收。2016 年，对其家庭劳动力人口提供短期技术培训和引导就业服务，增加收入。2017 年，落实国家低保政策，引导外出务工。2016 年，家庭经营性收入 2615 元，务工收入 22000 元，政策性收入 7065 元，家庭总收入 31680 元，人均收入 6336 元。

（11）MXY：家庭人口 3 人，预计 2017 年脱贫。住房没有被认定，但属于危房。所有的成员都参加了新农合，基本医疗有保障。没有学龄儿童。2015 年，帮助其外出务工，实现增收。2017 年，跟踪落实国家低保、医疗救助政策，引导外出务工。2016年，家庭经营性收入4000元，务工收入13043元，政策性收入1965元，家庭总收入19008元，人均收入6336元。

（12）YKH：家庭人口7人，预计2017年脱贫。住房经过危房改造，住房有保障。除了上小学的孩子，所有的家庭成员都参加了新农合，基本医疗有保障。上小学的孩子属于义务教育，家庭的支出微乎其微，义务教育有保障。2015年，帮助其外出务工，实现增收。2016年，跟踪落实国家教育帮扶政策。2017年，对其家庭劳动力人口提供短期技术培训和引导就业服务，增加收入。跟踪落实国家医疗救助政策。2016年，家庭经营性收入8000元，务工收入28869元，政策性收入7714元，家庭总收入44583元，人均收入6369元。

（13）LZF：家庭人口4人，预计2017年脱贫。住房没有被认定，但属于危房。3位家庭成员参加了新农合，基本医疗有保障。2个孩子都上了大学，现在没有学龄儿童。2015年，帮助其外出务工，实现增收。2016年，落实国家教育帮扶政策。2017年，对其家庭劳动力人口提供短期技术培训和引导就业服务，增加收入。2016年，农业经营性收入2725元，务工收入18000元，政策性收入4625元，家庭总收入25350元，人均收入6337.5元。

（14）ZT：家庭人口4人，预计2017年脱贫。住房经过危房改造，住房有保障。所有的家庭成员都参加了新农合，基本医疗有保障。1个孩子在上中学，1个孩子在上大学，基本教育有保障。2015年，帮助其外出务工，实现增收。2016 年，对其家庭劳动力人口提供短期技术培训和引导就业服务，增加收入。2017 年，引导外出务工。2016 年，农业经营性收入 2000 元，务工收入 19230 元，政策性收入 4130 元，家庭总收入 25360 元，人均收入 6340 元。

（15）YTP: 家庭人口 5 人，预计 2017 年脱贫。住房经过危房改造，住房有保障。所有家庭成员都参加了新农合，基本医疗有保障。没有学龄儿童，2 个孩子都上大学了。2015 年，帮助其外出务工，实现增收。2016 年，对其家庭劳动力人口提供短期技术培训和引导就业服务，增加收入。2017 年，落实国家低保政策，引导外出务工。2016 年，务工收入 10000 元，政策性收入 4727 元，低保收入被访者没有告知，因此无法计算出被访者家庭的总收入和人均收入。以务工收入加政策性收入计算，人均收入不够国定贫困线 3100 元。

第七章

总结与讨论

　　丹巴地处川西高原，东出成都，西通滇藏，是连接甘孜、阿坝两州的枢纽。丹巴县属邛崃山、岷山高山区，境内高山对峙，峰峦叠嶂，峡谷深邃，沟壑众多。丹巴五水呈网状分布，水流湍急，落差较大，水力资源丰富。冬干、春旱、夏洪涝、冰雹、大风、霜冻等自然灾害频发，崩塌、滑坡、泥石流等地质灾害常见，被称为"地质灾害博物馆"。虽然境内森林资源丰沛，林海无垠，但是作为长江上游与黄河上游的重要水源涵养区、川滇森林及生物多样性保护重点生态功能区、若尔盖高原湿地水源涵养区，承担着极为繁重的生态保育任务。而除了河谷地带，大部分耕地地块分散，面积小、坡度大、石头多、土层薄，粮食产量低，农户生计仅仅依赖农业生产无法维持。

　　丹巴聚居的藏族，被称为嘉绒藏族，属于康巴藏族的一部分，不同于西藏、青海等地方的卫藏、安多藏族。嘉绒藏族被其他藏族称为"绒巴"（农区人）。嘉绒藏族的藏房带有明显的藏族特色，但是基本上他们的生活方式更加倾向于汉族。首先，他们都同时会说四川话和藏语，嘉绒藏语作为藏语的方言之一是没有文字的，因此他们也不会书写藏文。其次，他们的生活习惯和四川其他地区非常接近，以大米为主，家家户户腌腊肉。他们的米酒是青稞酿的而不是大米酿的，他们更加偏爱牦牛肉而不是黄牛肉。再次，除了腊月山三村有三户纯牧户一直生活在高海拔的牛场，其余村民的主业都是农业而不是牧业，外出务工收入也是家庭经济收入的重要来源。最后，他们和汉族一样非常重视教育，认为教育是改变人生命运最重要的途径。家庭可以节衣缩食在乡里面租房子陪孩子念书，公务员是他们最心仪的职业，而半扇门乡中最漂亮的建筑是半扇门乡中学。

丹巴县地处中国扶贫攻坚的最后战场，是四大连片特困地区的 88 个贫困县之一。本身的财政收入有限，每年的财政支出是财政收入的数倍，只能依靠上级政府的转移支付。本身的工业发展有限，旅游业刚刚起步。因此，丹巴的扶贫和脱贫在很大程度上依靠外来资源，依靠国家资金和扶贫项目的介入。为了更加有效精准地帮扶这些贫困县，四川省政府要求省直机关参加定点帮扶。四川省国土资源厅就是四川省这些参与帮扶的 249 个单位之一。由于丹巴的地质灾害严重，因灾致贫返贫的情况严重，丹巴县就成为四川省国土资源厅的定点帮扶贫困县，我们调查的腊月山村中的腊月山三村成为定点帮扶村庄，而腊月山一村等其他几个半扇门乡的贫困村也受益于四川省国土资源厅的帮扶。

从本身的专业和业务范围出发，四川省国土资源厅的扶贫战略着重于土地整理与地质灾害预防。国土资源厅安排了 3489 万元的资金在丹巴县的半扇门乡、聂呷乡和巴旺乡进行土地整理，安排了 1.34 亿元资金用于丹巴县的地质灾害预防。对于我们调查的腊月山村而言，国土资源厅分别安排了 600 万元、162 万元和 110 万元用于腊月山三村、二村和一村的土地整理项目，安排了 650 万元帮助腊月山三村建立村级避险场所及活动室项目，安排 220 万元在腊月山三村、二村的通村公路沿线建设应急排危点。这些土地整理项目极大地改善了腊月山村的土地质量，改善了地力，提高了土地的产出，改善了腊月山村村民的生产生活条件。再加上产业扶贫项目、普惠性的扶贫项目、兜底性质的社会保障项目等，还有村民自己外出务工的努力等，使得腊月山三村和一村按时"摘帽"，腊月山村的贫困户在 2016 年底大部分"摘帽"，2017 年底全部"摘帽"。

但是，在调查的过程中，我们也发现为了进一步推动精准扶贫和脱贫，有些问题可能需要进一步深入讨论。

第一节　土地整理的扶贫效果

我们的子课题是"藏族农区的土地整理与脱贫"，因此我们关注的重点是在藏族农区中，土地整治（整理）的扶贫效果。2011年出台的《中国农村扶贫开发纲要（2011—2020年）》提出，要推进贫困地区土地整治，集中改造中低产田，开展土地平整，提高耕地质量，特别是要加强连片特困地区的基础设施建设和生态建设。土地整治（整理）成为扶贫开发的一种重要策略和方法。2017年出台的《全国土地整治规划（2016—2020年）》强调，通过"集中连片特殊困难地区土地整治工程"，改善这些贫困地区的耕地品质，增加粮食产能，并且在资金上加强对于贫困地区土地整治的投资倾斜。

不同的地域有不同的土地整理（整治）模式。丹巴县所在的川西高原藏族区域是长江上游与黄河上游的重要水源涵养区，承担着极为重要的生态保育任务，而且被整体划为川滇森林及生物多样性保护重点生态功能区、若尔盖高原湿地水源涵养区，按照《全国土地整治规划（2016—2020年）》属于西南区域。这里的土地整理因此也应以建设生态安全屏障和提高农地利用效益为主要方向，注重修复和保护生态环境，限制对土地的开发，将农田整理与陡坡退耕还林还草等相互结合，对山地的缓坡耕地进行坡改梯，加大基本农田建设力度。

根据四川省国土资源厅在丹巴县实施的土地整治（整理）项目，腊月山村的土地整治（整理）集中于基本农田的整治，主要涉及三大板块：一是坡改梯，把原有的坡地改为水平梯田，并对贫瘠的土地进行深翻，再施加地力培肥（有机肥），从而实现土地肥沃，粮食增产。同时，铺设网格，实现水土保持。二是建设农田水利设施，包括蓄水池、水渠、囤水田等。三是新建田间道路，包括生产道路，主要是便于旋耕机等农用车辆、机械通行。同时，腊月山村的土地整治（整理），还包括农村建设用地、非耕地和低效土地的整治，比如连户路和入户路的建设；也包括对地质灾害的预防，对农田和自然环境的保护，是广义的土地整治（整理）概念。

相关的实践和研究都表明，土地整治（整理）是乡村振兴和乡村发展、增加农民可支配收入的有效手段。根据研究，土地整治（整理）有助于扶贫和脱贫的方式主要包括：改善农村基础设施，拉动外来投资；各种施工项目为当地农户提供非农就业机会；改善农业生产条件，为产业扶贫奠定基础；贫困户通过参与修护和保护生态环境来获益。[①]

对于腊月山村来说，四川省国土资源厅在当地实施的土地整治（整理）项目，改善了农村的基础设施，但是因为其地处高海拔，无法拉动外来投资。各种施工项目的确为当地农户提供了非农就业的机会，比如腊月山三村的 MZX 就通过参与村内道路建设获得了 1500 元的工资收入，但是这些项目是短暂的，因此贫困户获得收入的时间也是短暂的。土地整治（整理）项目的确平整了土地，兴修了少量的农田水利设施，腊月山三村因此开始中草药种植。贫困户有人参与保护生态环境，获得了工资收入，但

---

① 刘新卫：《土地整治如何助力扶贫攻坚》，《中国土地》2016 年第 4 期。

这个覆盖面是极其有限的。我们的研究发现，对于腊月山村的贫困户来说，土地整治（整理）项目改善农村基础设施，对于他们可能最为有帮助的是减少了他们生产生活成本，比如生产中的生产资料运输成本，下山就医就学的成本等。

　　总而言之，土地整治（整理）项目是有助于腊月山村村民脱贫的，但是具体的效果可能还需要进一步讨论。首先，腊月山村的耕地大部分都处于半高山和高山，耕地面积小，地块分散，耕地本身的先天禀赋差，石块多，土层薄，最重要的是坡度陡。因此，即使通过土地整治（整理）项目平整了土地，兴修了农田水利，也不能在很大程度上提高耕地的产出。而且当地气候寒冷，就算改善了耕地的质量，也不能大幅提高农作物的产出。这可能是为什么我们在调查中，农户纷纷抱怨那些水窖等农田水利设施既占耕地，实际上又没有什么用处的原因。同时，因为耕地分散在山间，无法将土地整理阡陌成片，更没有土地流转的机会，无法进行大规模的土地经营。其次，如果把村道、连户路和入户路的建设，还有公路沿线应急排危点整治都包括在大的土地整理项目中，我们会发现一方面建设成本太高，因为腊月山村的农户居住分散，可能花了十几万元建的入户路，实际上只有一户农户用得上这条道路；另一方面和建设相比，可能后续的维护更为重要，否则很快这些基础设施就会被暴雨等自然灾害所毁坏，比如丹巴6·15的暴雨对于腊月山三村村道的摧毁。即使村干部组织村民对道路进行抢修和排除障碍，维护的速度都赶不上破坏的速度。如果没有后面的维护，前面在基础设施上的投入很快也就变成"打水漂"了。但是一般工程项目都不涉及后面维护这一块，而政府交通部门也没有资金涉及这一块。现在都仅仅依靠村庄自组织，但是打工对于腊月山村而言还是最为重要的收入来源之一，村庄本身的人力资源并不充足。

第二节　贫困村的认定和脱帽

成为贫困村，是可以获得很多外来资源的。如前所述，我们调查的三个村中，一村和三村是贫困村，但二村却是非贫困村，这和我们入户访谈，以及在村里面走访的时候印象非常不一致。三个村中，无论是地理位置，还是村民住房等，一村都比三村好。被访者也告诉我们，本村有很多自己经营跑运输的，家产有几十万元、上百万元的。在访谈中，村干部告诉我们，从经济条件来说，当然是处于山脚和河谷的一村条件更好。但是他们当初在评定贫困村的时候，觉得二村位于一村和三村的中间，如果后者都被评定为贫困村，获得基础设施建设经费，是能够同时惠及二村的。比如三村 2016 年修建的通村公路，实际上是经过二村的。他们认为现在的结果说明他们当初的设想是对的。

但是，从前面的分析我们也可以看到，三个村的扶贫项目中，腊月山二村是最少的，也就是说腊月山二村所获得的资源是最少的。在调研中我们也发现，即使是惠及也还是落后一步的，三村和一村的村道路硬化基本都已经完成，因为天气的原因有些入户的道路还没有完成，但是二村的村道路硬化在我们调查的过程之中才刚刚启动。问及相关的扶贫项目，二村的村干部也黯然地说他们村什么也没有。除了基础设施，有些落实到户的，或者产业扶贫专项资金是无法惠及二村的，比如三村可免费获取苗木的中草药种植和藏香猪养殖等。所以缺乏贫困村的名头对于二村发展还是很不利的。

2016 年，整个丹巴县有 22 个贫困村"摘帽"，其中就包括腊月山一村和三村。丹巴县"摘帽"的标准是"一低五有"：贫困发生率低于 3%，全村有通村硬化路，有活动室，有卫生室，有通信网络和有集体经济。我们前面讨论腊月山村脱贫成效的时候，已经具体谈及了这两个村是如何实现"一低五有"的。我们调查的时候，当地乡村干部都告诉我们，贫困村"摘帽"但是待遇不变，而且州县两级政府也没有下达正式文件公布这两个村已经被正式"摘帽"，只是按照丹巴县的扶贫规划已经"摘帽"了，验收的过程据说已经完成了。如果是否有贫困村的帽子都不影响贫困村的待遇，包括资源的获得和项目的投入，那么贫困村的帽子究竟意味着什么呢？摘下贫困村的帽子又意味着什么？是意味着这个村真正摆脱了贫困，还是意味着应该脱下贫困村的帽子？

从外在的标准或者从文字上看，腊月山三村和一村的确都达到了脱帽的标准。但是，我们在三村调研的时候，可以明显发现有些指标实际上是没有完全达到的，比如通信覆盖，三村很多地方根本没有手机信号。不仅是在去农户的路上没有信号，在农户家中也没有信号。村干部要和村民联系，要么就是亲自上门，要么只能用传统的喊话方式。这些通信覆盖在某种程度上来说不是贫困村自己能够改变或者实现的，而要取决于通信公司基站的建设和维护等。还有就是通村硬化路面，三村的确花了 1000 多万元，基本上实现了通村硬化路，但是因为暴雨，现在很多地方都不通车了，还是只能步行。活动室、卫生室建设，因为抵御泥石流的需要，花了 600 多万元，但是实际上现在只是一个房子在那里，没有人，也没有真正发挥作用。集体经济可以说约等于无。在这种情况下，三村还是被"摘帽"了。这些贫困村达到脱贫标准很重要，但是后续如何保持达到这些标准实际上更为重要，否则就无法说已经稳定地脱贫。

第三节　贫困户的认定和脱贫

精准扶贫的首要任务在于精准，需要准确地识别出贫困人口，并有效地提供帮助。精准扶贫是将贫困户而不是贫困地区作为主要扶贫对象。根据国务院扶贫办2014年4月出台的《扶贫开发建档立卡工作方案》，贫困户的识别标准为2013年农民人均纯收入不高于2736元（相当于2010年2300元不变价）。2014年建档立卡的贫困户，三村是17户53人，二村是15户51人，一村是12户37人。这些贫困户是如何选择出来的是我们这次调查关注的重点之一，因为精准甄选出贫困户是进行精准扶贫的基础。

政府识别贫困人口主要是基于划定的贫困线，而政府关于绝对贫困的标准主要建立在个人生存最基本需求的基础上。世界银行关于每天人均一美元消费的标准也主要考虑到人的生物需求。但是，当大部分农民进入温饱以后，依据维持生存所制定的贫困标准就失去了意义。我们在访谈中发现衣食不足的农民，在腊月山村已经几不可见，现在四川省高原藏区农村的贫困更多不是表现为持续的缺吃少穿，比如我们调查的78户农户中没有一户提及2016年曾经有挨饿的情况。那么如何能够根据贫困线来精准认定贫困户？

在农户摸底情况调查表格中，腊月山村几乎所有农户的人均纯收入都低于3000元，也就是低于国家2016年的贫困线3100元。比我们根据表格中农户收入计算的人均收入低很多，这一方面是因为我们计算的收入中没有减去生产性支出，所以不是人均纯收入，但即使是人均纯收入也不会是表格中的人均纯收入，因为表格中的结果是减去了生活性支出的收入；另一方面是因为这些结果要符合国家对于贫困线的要求，是得出来的数据。同时，这也在很大程度上说明了腊月山村的三个村，村内农户的收入还没有出现有些村庄那么严重的阶层分化，大多数农户的收入都是相当接近的。如何在收入接近的农户中用贫困线来精准识别贫困户呢？

在扶贫实践中，往往会综合考虑收入、资产和支出状况。许多贫困村都采取了村民评议与住户调查相结合的方式识别贫困农户，因此会掺入许多主观因素。[①] 腊月山村也是这样做的。当地村干部告诉我们，他们在实践中还有几个标准："学生多，老人多，生病的多"。被大多数农民或者村干部所认可的贫困农户多是那些虽然温饱无忧但是无法维持正常生存的农户。所谓正常生存，不仅包括吃饱穿暖，更包括生产和人口再生产的可持续性。而这些农户的贫困往往是一些特殊原因导致的，如家庭缺少劳动力，家庭成员有大病或慢性疾病或遭受重大自然灾害。扶贫开发的政策对这些家庭的效果比较差，维持这些家庭的生存，需要社会政策的介入。

当地村干部告诉我们，当初各个村贫困户的甄选，是经过层层指标分解之后，分配给每个村固定的贫困人口数。而且这个指标不可以多，也不可以少，且确定的贫困户的人数要正好等于这些配额。村干部告诉我们凑人数是最困难的。但是，也有村干部说，乡里没有分配贫困户的名额，都是自然产生的。经过程序之后有多少名单就提交多少名单。但是，从省里、县里可以知道，贫困县、贫困

① 王晓毅：《精准扶贫与驻村帮扶》，《国家行政学院学报》2016年第3期。

村都是有名额限制的，丹巴所在的藏区所有县被纳入贫困县，那么各个村贫困户的名额更可能存在名额限制。正如访谈时村干部所说，全村有两三户是公认的，比较容易确定甄别，但是要凑满贫困户的名额，甄别剩下的贫困户难度反而是比较大的。

由于贫困户的身份关系很多优惠政策，包括医保更高的报销比例、大病救助资格、更多种类的教育津贴和更高水平的补贴、易地搬迁的国家补贴、参加农村危房改造和藏区新居的资格、参与集体经济分红等。所以，在村庄收入差异不大的村民中甄选贫困户，这对于村干部来说是非常艰难的过程。即使严格按照政府的要求，通过村民大会等程序来选择，也是非常痛苦的过程。有一部分贫困户是老百姓投票选出来的，另外一批是村"两委"和包村干部商量之后直接提名的，然后公示。其中有几家是全村公认的贫困户，但是剩下的可能就彼此差异不大，要从中甄选确认就会存在一定的问题。贫困户的划分将村民人为地划分成了两个群体，在村民之中人为地制造了矛盾，村民也是不患寡而患不均，公平是他们的底线要求。

而且正如我们前面分析的那样，贫困不是静态的，是个动态的过程，会随着家庭生命周期、随着劳动力的增减、随着劳动力和消费人口的比例变化而循环变动。同时，贫困户获得的相关资源，也会极大地改善贫困户的家庭经济条件。原来他们可能比非贫困户经济条件稍差，在被评为贫困户之后反而超越了原来的非贫困户。而原来的非贫困户，可能因为家里有人患重病，或者孩子上大学等偶然的事件而陷入贫困。因为腊月山村的农民还都处于小农生活，没有积累，他们的收入和支出只是维持着脆弱的平衡。

为了扶贫能够精准到位，对于贫困户还进行了再甄选的过程。家里有车的、有在公职岗位工作的等都不能成为贫困户，但是这些标准在具体实施的过程中就会发现也过于"一刀切"，家庭的人均收入和生活水平与这些因素有关，但不是绝对正相关。比如我们在访谈的过程中就碰到一户农牧民，他说因为家里买了一个特别破的二手车就被踢出贫困户了，实际上那个二手车到现在不仅没有给他们家带来收入，而且一直在贴钱。

到了2016年，一村的贫困户是10户34人，二村的贫困户是12户43人，三村的贫困户是16户52人。2016年底，一村和三村的贫困户也都按照标准和规划脱贫了，而二村的贫困户还有8户33人。丹巴县贫困户脱贫的标准是"一超六有"：人均收入超过贫困线3100元，有生活用电、安全用水、广播电视、安全住房、义务教育和基本医疗。这些贫困户脱贫，经过了一系列手续，包括填写贫困户退出确认书，但是到现在也依然没有政府正式的文件确认。当然，对于他们而言，最重要的还是和贫困户相关的各种待遇不变，也就是说只是一个贫困户的帽子没了，其他的依然如旧。

正如确定贫困户是有规划和指标约束的，脱贫的时候也是有约束和规划的，这一点在四川省扶贫移民局的访谈中就可以看到。根据政策的规定，贫困村和贫困户是同时"摘帽"的。在收入是主要衡量指标的情况下，确定一个农户是否达到脱贫标准，其实带有很大的主观因素，因为即使对于社会学专业的人来说，收入都是一个非常难以测量的指标。而且，在确定是否可以脱贫的时候，并不考虑支出。也许，对某个农户来说，收入在增加，但是支出增加的比例更高，那么对于整个家庭来说还是处于贫困状态。

由于贫困户的身份关系很多优惠政策，在访谈中，当地干部也一再强调"摘帽"不改变待遇，这可能是这些贫困户愿意"摘帽"的重要原因。虽然乡干部否认贫困户这个身份会拉大和普通村民的生活水平差距，村干部还是认为成为贫困户，能够拿国家的补贴还是好一点。国家对于这些贫困户的扶持，年年把钱打到他们的账户上，已经进去的和没有进去的贫富差距就拉大了，因为他们的起点本来就是相似的，而贫困户有外在力量的大力扶持。

政府甄选出贫困村和贫困户，就是为了能够精准扶贫，能够帮助他们摆脱贫困，分享经济发展的成果。但是如果贫困村是否"摘帽"、贫困户是否脱贫，都不影响实质的利益，而只是变成政府统计中扶贫攻坚的成果，变成政府能够按照规划稳步推进扶贫工作的成果，那么最初甄选出贫困村和贫困户还有什么意义呢？而且无论是甄选出贫困村还是贫困户，都在地方上埋下了引发矛盾和不满的导火索，特别是在帽子摘掉待遇依旧的情况下，这种不满和不公平感是否会持续发展呢？

政府的扶贫攻坚计划是帮助被划定为贫困户的农户走

出贫困，但是那些没有被划定为贫困户却贫困的农户呢？少数民族地区的贫困叠加了三个概念，即贫困群体、贫困地区和少数民族。这里的贫困不仅仅是由单独的个体特征所决定的，在很大程度上还表现为群体特征。在与国家互动的长期历史中，许多少数民族主动选择了交通不便和生态脆弱的地区。[1] 少数民族区域的自然生态条件和特有生计文化对贫困的形成有很大影响。[2] 因此，那些没有被划定为贫困户的农户并不代表着他们不贫困。为了实现2020年脱贫攻坚计划，现在贫困户是只能出不能进，那些新陷入贫困的农户该如何扶持？该如何帮助不是贫困户的他们摆脱贫困？也许这也是我们需要进一步思考的问题。

第四节　产业扶贫及其效果

产业扶贫是丹巴县治疗贫困顽疾的重要方法。县政府在丹东、巴底、东谷、半扇门4个乡明确将中药材、核桃、甜樱桃、苹果四大基地作为主要扶贫产业，通过"企业＋专合组织＋基地＋农户""村企互动的双赢模式""长短结合的渐进模式"等方式，全力培育长期可持续增收产业。

---

[1]　王晓毅:《反思的发展与少数民族地区反贫困：基于滇西北和贵州的案例研究》,《中国农业大学学报》(社会科学版) 2015年第4期。

[2]　汪三贵等:《少数民族贫困变动趋势、原因及对策》,《贵州社会科学》2012年第12期。

2016 年，整个丹巴新成立专合组织 46 个，流转土地共计1170 亩。新建核桃基地、葡萄酿酒基地、中药材基地、蔬菜基地共 3581 亩。新建养殖场 5 个，扶持农产品加工销售企业 7 家。

腊月山三村 2015 年 4 月就开始计划养殖藏香猪。村里利用 100 万元财政专项产业扶贫资金，建起标准化养猪场，设有 7 个基本圈舍、2 个调温繁育室，并成立了养猪合作社。合作社买来 120 头猪仔，还聘请两名贫困村民打工，每人每月的工资 2400 元。2016 年底准备出栏 40 头，结果最后只出栏了 20 头，全部售卖给对口扶贫单位，收入 3.6 万余元，其中 20% 留给村集体，其余的都分配给16 户贫困户。三村计划以后养猪场主要用于种猪繁育，猪仔再分给村民，村民"借猪还猪"，年底统一结算。几户农牧民组成小的合作社，各家各户野外放养。对于每只猪仔进行编号以便于监控，这样便于相互监督。如果猪仔养殖不成功，将取消农户 2~3 年养殖的资格，并且还要罚款6000 元。由于林地载畜量有限，全村养殖数量控制在 400头左右。

最近根据县里统一规划，三村全村开始准备种植中草药，因为以前三村种过党参、当归等中草药，而且发现了野生重楼等中草药。全村准备种植 600 多亩，在退耕还林的山地中套种，由县里统一提供中草药苗，并提供技术指导。同时金川县惠农种植专业合作社主动到村上开展合作。根据双方协商，将采用"公司 + 农户"的方式，发展中药材种植，由公司托底收购。我们在三村调研的时候，正好是中草药苗种植的时候。但是，很多农户还没有把中草药苗种下，更多的是忙于种植苞谷、土豆等传统的农作物，村干部不得不一户户催促他们赶紧把苗木种下，以免误了农时和季节。这也从一定程度上反映了农户对于种植中草药并不重视，村干部也提及很多村民认为种植中草药风险很大。

产业扶贫的一个最重要问题就是产品是否能够变成商品，是否为市场所需要，这也关系到是否真正能够从输血式扶贫转化为造血式扶贫。藏香猪是当地的特产，也有自己的独特滋味和营养价值，但是现在的销售主要依靠对于产品非常熟悉的对口单位，在全村养殖规模非常大的情况下，不可能仅仅通过这个渠道，还要通过电商平台等，后续需要有更多的工作跟上，同时村里也需要这方面的专业人才。

三村种植中草药是丹巴县"一带一业""一村一品"总体规划的一部分，据说丹巴县的中草药种植面积在万亩以上，这些中草药能否给贫困村民带来致富的希望，在于它们能否在市场上变现，这么大面积的种植是否会导致市场价格下跌？而且我们在调研的时候，天气晴朗少雨，这是否会影响中草药的播种和生长？中草药苗无偿提供是对于贫困户的扶持，但也是导致农民对于中草药种植并不重视的重要原因，因为不需要自己付费，而且种植的前景也并不明朗。虽然三村的村主任对此充满信心，认为在正常品种、产量和市场价格的前提下，年均亩产值为3500~6000元，年均亩纯收入为2500~5000元，每户都因此增加数万元的收入。但是，中草药的种植期要 3~4 年，这些都需要看 3~4 年后的市场检验结果。

第五节　扶贫资金运用的信度和效度

在扶贫过程中，专款专用是扶贫资金管理的一条基本原则，这不仅包括财政专项扶贫资金，也包括各个部门的扶贫资金。这是保证扶贫资金能够真正用于扶贫、用于改善贫困村与贫困农户生产和生活条件的重要原则。但是在调查中，我们也发现这个原则如果能够辅助于一定的灵活性，可能会发挥更好的效果。

正如前面所述，腊月山三村整体位于山顶，平均海拔在 3000 米以上，最高的牛场海拔超过了 4000 米。整个村的道路和土地坡度都很陡，有的地方甚至达到了60°。山高坡陡，地质环境脆弱，山体滑坡是经常发生的事情。2016 年，县里投入 400 多万元实施了三村到村连户路扶贫项目，省级投入 220 万元用于公路沿线的应急排危整治工作，四川省国土资源厅还投入了 650 万元用于修建村文化活动室和医疗室，这些项目终于使村民上下山有了便捷的道路，有了可以一起活动的场所，但即使在雨水不多的春季，我们也看到了多处土石塌方，新修的水泥路上都是石子和土块。这些后期的维护还需要大笔的投入。

其实，如果仅从三村的地形地貌来看，其是不适宜居住的，一方水土养不活一方人。如果要真正帮助三村摆脱贫困，其实村庄的整体搬迁可能会有更好的效果。三村的村干部告诉我们，其实他们两年前就有这个想法了，也在河谷考察好了可以整体搬迁的地方。因为三村整体只有47户，所以如果每户盖一栋房子，有一定的土地，那么可能整体搬迁需要100多亩土地。他们已经谈好了8万元一亩土地，那么总体就在1000万元左右，加上盖房子和河坝加固等，加起来不会超过2000万元，基本上就是一劳永逸了。这样老人们就医比较方便，孩子们上学也很容易，不需要住校或者在学校附近租房子了。

总体而言，三村已经获得的各项扶贫资金也足够他们实施整体搬迁。但是，问题在于这些资金都需要专款专用，而易地搬迁的资金最高每户也就10万元，远远不够他们这么做。他们想了很多办法，但是最后都没有成功，专款专用的原则不能变，而基层也没有机构可以统合使用这笔资金。结果，用于修路的资金就只能用来修入户的水泥路。因为三村的住户比较分散，最极端的例子是为了实现硬化水泥路到户（贫困户），村里为一户就投入了几十万元的资金。这导致扶贫资金的利用效率极低，而且这些路面的后续维护成本也极高。如何能够保证扶贫资金在信度和效度之间达到平衡，而不是为了盲目追求信度而忽视效度，可能是在进一步推动精准扶贫的过程中需要仔细思考的问题。

为了提高扶贫资金使用的效率，2016年国务院出台了《关于支持贫困县开展统筹整合使用财政涉农资金试点的意见》，四川省相应出台了《四川省人民政府办公厅关于支持贫困县开展统筹整合使用财政涉农资金试点的实施意见》，通过试点，形成"多个渠道引水、一个龙头放水"的扶贫投入新格局，激发贫困县内生动力。将贫困县政府作为统筹整合使用财政涉农资金的实施主体，统筹使用，并规范和监管。丹巴县就是四川省选定的70个试点县之一。

　　在丹巴县移民扶贫局调研的时候，我们也着重问了这个问题，特别是易地扶贫搬迁的资金使用问题。移民扶贫局说从易地搬迁量来说，全县8000多贫困人口中异地搬迁的有2000多人，从全省来看量是很少的，从全州来看处于中等水平，老百姓搬迁也是自愿的。但是这些搬迁都是插花式的，基本上没有以政府为主导，把生产发展不方便的居住在高山上的老百姓聚集在河坝一带，有几个难处：首先，老百姓容易产生惰性。原来发生过一些灾害，政府进行了整体搬迁后，老百姓出现了惰性，比如生产会依靠政府，失去了自己的主观能动性；还有就是后续产业发展、学生读书也会依赖政府，而且有很多问题解决不好。其次，丹巴是多灾害地区，比如6·15大洪水，老百姓搬到河坝地区会因此受灾。最后，也有老百姓确实不愿意搬迁，有些老百姓愿意生活在高山上。

　　虽然他们一再强调政府不怕责任，但实际上从上面的回答可以看出，他们对于整体搬迁最为忧心的就是政府因此背上沉重的包袱，后续的一切事宜都需要政府来解决。如果政府不能解决，就可能带来更为严重的后果。而让大部分老百姓依然生活在不适宜人类居住的地方，虽然不能真正实现可持续脱贫，但是那些后续的事宜，比如发展产业能否变现、道路的养护和维修等，都是老百姓自己的事情，和政府的关系不大。谈到是否能够把资金整合用于易地搬迁，县移民扶贫局说国土资源厅的可以整合，比如加上财政拨款都用于修路。其实，这并不是整合资源，只能说这两笔资金的用途是一样的，而并不是根据当地实际需求改变资金的用途。同时，他们强调丹巴县易地搬迁不缺资金，有中央的投入、省政府再建贷款的投入，还有两笔长期低息贷款。全县2017年的易地搬迁资金，在建房方面有2000多万元，基础设施方面是200万~300万元。

在半扇门乡和腊月山三村，我们听到了不同的故事。乡政府也认为，腊月山三村精准扶贫投入2000多万元，大洪水和9月大雨之后，发现效果不是很理想。即使没有老百姓返贫或者陷入更为贫困的境地，但是基础设施损害严重，还是给老百姓带来了不方便。村里当时提出过整体搬迁的计划，县上最后没有采纳。三村的村干部说，当时搬迁地方都已经联系好了，旁边的太平桥乡就有土地。当地干部认为中央政策好，关键是具体如何分配和实施。大的方面的政策落实了，馍馍做好了怎么分是个问题。他们认为三村的整体搬迁和一般地方的不一样。平桥乡光土地就有80多亩，而腊月山三村一家人只有1亩多地。从三村到准备搬迁的地方，正儿八经下来就10公里，直线7~8

公里。可以保留原来的生产资料，拖拉机、摩托车可以随时上来耕种。而老人看病、学生上学都更方便，成本更低。但真正申请的时候，被否决了。

同一件事情，不同的利益方有不同的解读，考虑的重点也都不同。结果是可能的整体搬迁没有实现，而要实现稳定脱贫还需要更多的投入，但是随着"摘帽"等政策实施，已经没有更多的资金投入了。即使有了统筹使用资金的政策，如何让这些政策真正发挥作用，还有很多因素要考虑。而且，可以整合的资金有专门的说明，主要是各级财政的涉农资金或者专项扶贫资金，打破了中央不同部门或者省市不同部门提供涉农或者扶贫资金使用的藩篱，但是对口帮扶的扶贫资金的使用是否能够包括其中，就不明确了。同时在已经使用了部分扶贫资金后，能否整合后续的资金，也没有更多的阐述。为了实现真正有效的精准扶贫和稳定脱贫，扶贫资金的使用还需要考虑当地村民和乡村干部的意见。

第八章

政策建议

为了服务于中央精准脱贫大局，打赢扶贫攻坚战，实现2020年的扶贫攻坚目标，"藏族农区的土地整理与脱贫"子课题组根据川西高原藏区丹巴县和腊月山村的调研以及前文的分析，提出如下政策建议。

一　就地扶贫与易地扶贫

此次调研的腊月山村位于海拔较高的山地，出于历史上躲避洪水、战乱等原因，形成了当地藏族居民择高山而居、建碉楼防御的传统。腊月山村最高海拔超过了3000米。但是高寒山区显然并不适合人类生产生活，不仅气候恶劣、耕地狭小、粮食亩产量低、农业生产难度大，而且道路、通信、教育、医疗等基础设施和公共服务供给的成本非常高。在这种情况下，"一方水土养不活一方人"的贫困村投入大量的资源修建公共设施，扶贫资金的使用效率明显偏低。例如腊月山三村的道路硬化建设和避险场所、公路沿线排危点的建设，总体投入达1500多万元，只能供村里不到50户村民使用，效率明显偏低；而且高海拔地区山体不稳定，路基频繁坍塌，地质灾害多发，使后期道路维护的成本也非常高。实际上，相当部分的村民已经开始不在原村生活，特别是青壮年劳动力，很多都在周边务工，寻找其他生计。

更为重要的是，这些资金的投入并不是一劳永逸的，并不能够帮助腊月山村的村民稳定脱贫。村落基础设施后期的维护费用，政府没有预算，对口扶贫单位无法提供专项资金，村民们自己更是没有能力承担这些费用，他们只能够提供一定的劳动力，而村落本身的劳动力也因为大量外出务工而不足。没有后期维护，这些基础设施会慢慢破败，失去原有的功能，建设投入的1500万元就会逐步失去作用。而回到原点的基础设施又会成为导致村民再次陷入贫困的重要因素。当地的村干部也充分意识到这一点，因此他们希望把这些资金用到易地扶贫搬迁中，还和邻乡商量找到了可以搬迁的地方，甚至为村里所有农户找到了和他们原来承包面积相同的耕地。因为他们准备搬迁的地点位于河谷，同样面积的耕地粮食产出是高山的三倍以上。而且家庭生活成本能够真正下降，因为那时候他们的入村公路和小丹公路重合了，而小丹公路有政府出资维护，不需要他们操心，相应的地质灾害也少得多。

所以，对于这类位于实际上不适合人类生产生活地区的贫困村，应当充分衡量易地扶贫和就地扶贫的成本与扶贫资金的使用效度。因为移民扶贫需要涉及非辖区的土地使用问题，需要经过更高层级部门的统筹考虑和协调。我们建议在决定贫困村的帮扶方式时，应该通过各种方式更多地听取当地村民和村干部的意见，仔细衡量不同帮扶方式的成本和效益，特别是从长远来看的成本和效益。是易地扶贫还是就地扶贫，需要经过省级扶贫、国土等部门的统筹考量，避免由地方政府部门根据各自的利益单独决定。为此，建议建立由民政、扶贫、国土等部门组成的扶贫方式评定小组，通过对扶贫资金和方案的资金预算绩效评估，在听取当地居民意见的情况下，初步确定是否采取移民扶贫的方式，并与地方政府部门进行充分的协调与前期计划准备。

二 直接干预与地方参与

为保障扶贫资金专款专用，避免地方层层截流、贪腐浪费等情况的发生，不少来自中央、省级部门的扶贫资金都是通过财政直接发放、省级部门直接委托、承包商直接施工的方式实施扶贫项目。但是，这样的方式也存在一定的弊端。此次调研中发现村里的蓄水池是省级部门直接委托施工方，通过卫星遥感确定修建的地点，由承包商直接进驻施工的。由于事先没有征询农户的意见，甚至村干部也不知情，造成部分蓄水池修建的位置实用性降低、土地被占用、不能让受益农户便利使用等问题。如果事先能直接和受益农户协商、咨询是否需要、修建的地点等问题，可以避免不必要的浪费，提高蓄水池的实用性、使用效率。

建议在继续采取省级部门直接委托、承包商直接实施方式的同时，在具体扶贫工程建设实施之前，将工作方案向地方公布，征集反馈意见，特别是征求直接受影响农户的意见，避免出现浪费和不能满足实际需要、没有价值的工程。委托部门需要和承包商一同对农户的直接反馈给予考虑和回应；同时，也保留省级部门直接决定的权力，避免应对过多利益方诉求带来的工作效率低下等问题。将反馈信息的汇总处理放在县级扶贫部门，具体意见咨询通过村里直接到农户，县级扶贫部门与省级委托部门和承包商对接反馈信息。虽然在一定程度上会增加扶贫的时间和管理成本，但是可以提高扶贫资金的使用效率，并且一定程度上避免潜在的利益冲突。

三 运动式扶贫和制度式扶贫

此次调研观察到的扶贫方式特点是运动式的扶贫。也就是说，通过国家体制内部门资源的调动和行政动员能力，逐级下达任务指标。这样的方式有利于提高地方政府的重视程度和工作积极性，可以在短时间内集中力量办大事。集中推动工作，是解决常年累积问题的有效方式。但是，我们在调研中发现，部分扶贫工作任务非常重、时间紧，任务分解到基层无法实施操作，基层政府为完成目标不得不采取一些非常手段，可能导致政府公信力受损、村民合法权益被侵犯等现象的发生。而且，由于没有形成扶贫的长效机制，一旦缺少了扶贫资金的集中大量投入，扶贫政策执行后带来的返贫、利益冲突、依赖性等问题，都会导致现有的扶贫模式难以长期持续发挥作用。

贫困是社会发展中出现的问题，将会长期存在。即使经过大规模的运动式扶贫，也不可能彻底清除。因为即使划定特定的贫困线，根据特定方式计算农户经济收入，可以说全部人口的收入在某个时间点都超过了某个贫困线，但是这并不代表贫困已经根除。正如前文所分析的那样，虽然基本上已经不存在温饱问题了，但是贫困依然存在，只是换了一种不同的方式表现出来，比如经济的脆弱性、收支平衡不稳定，或者家庭生命周期性贫困循环等。因此扶贫和反贫困也是一个长期的事情。即使在 2020 年扶贫攻坚的目标完成之后，贫困村和贫困户也是"摘帽"不脱政策，还会继续有相关政策的支持。因此，在贫困的治理中还需要探索长效和可持续的治理机制。推动贫困治理的制度化，把扶贫工作真正纳入政府的各层体系之中，把扶贫资金纳入政府的常规预算之中。贫困治理的方案，应同时考虑短期和长期的目标，并充分考虑基层政府可执行性、实效性、可持续性，强化贫困治理的监督机制。

四　产业扶贫和经济发展

产业扶贫，是国务院 2016 年出台的《"十三五"脱贫攻坚规划》提出的最为重要的扶贫路径之一，这也标志着我国农村反贫困政策从救济式扶贫转向开发式扶贫，从输血式扶贫转向造血式扶贫。丹巴县也把产业扶贫作为治疗贫困顽疾的重要方法。但是，现在的产业扶贫思路依然延续20世纪90年代开发式扶贫的思路，即在国家的支持下利用贫困地区的自然资源，进行开发性生产建设，依靠经济组织和市场化的方法带动贫困户脱贫致富。[①]但实际上，扶贫的逻辑和产业发展的逻辑是不一致的。扶贫遵循的是扶贫济困的社会道德逻辑，希望扶贫项目得以落实，项目资金得以投入，贫困户的收入就能够提高；而产业发展则更多追求的是市场竞争的逻辑，产业能真正成为产业，需要得到市场检验和真正认可，需要产品具有市场竞争力，而不是产业的扶贫性质。

我们在腊月山村看到产业扶贫的效果，除了腊月山三村的藏香猪养殖，中草药种植、糖心红富士苹果种植、生猪养殖等到现在依然还没有产品，还没有接受市场的检验。腊月山三村的藏香猪，最初两年都是省直机构内部购买，也没有真正进入市场。据说最近一年在成都市成华区龙潭街道办事处的帮助下，进入了他们的农特超市。但是是否真正能够为市场所接纳还是未知数。这些农产品要真正具有市场竞争力，还是需要依靠自己的品质。而且，为了大力发展扶贫产业，丹巴县在全县进行大规模的产业扶植，"一带一业""一村一品"，中草药种植面积就在万亩

---

① 许汉泽、李小云：《精准扶贫：警惕"碎片化"和"运动式"治理》，《探索与争鸣》2018年第2期。

以上。虽然通过"公司＋农户"的形式，保证了中草药的兜底价格，但是一方面公司本身也身处市场之中，也要受到市场的影响和制约；另一方面中草药种植年限长达3~4年，中草药的兜底价即使能够实现，能够弥补农户的付出吗？能够比外出打工给他们带来更多的收入吗？

我们建议贫困县在进行产业扶贫的时候，产业选择要真正从市场逻辑的角度出发，发展适合本地特色又能够真正为市场所接受的产业，同时能够让更多的贫困户从中受益。也不要搞运动式的产业扶贫，在缺乏可行性评估和考察的情况下大规模发展同一产业。努力从各个方面推动地方经济发展，让贫困户可以选择参与有市场前景的产业开发，也可以选择在县域内务工或者经商。

五　贫困户和非贫困户

正如前文所讨论的那样，丹巴身处高原藏区，属于少数民族贫困地区。而少数民族地区的贫困不是单独的个体特征所决定的，很大程度上是因为其所处的自然生态条件和特有的生计文化，他们在和国家互动的长期历史中，主动选择了交通不便和生态脆弱的高山地区。因此在如丹巴等的少数民族地区，贫困不是个体的特征，而是群体的特征。这也是为什么我们在分析腊月山村村民的收入时，大部分村民的收入是相近的。而在这些收入差异不大的村民中，或者是说在普遍贫困的村民中选择贫困户，才是当地村干部感到最为头疼的事情。

贫困户的身份是和很多资源绑在一起的，包括医保更高的报销水平、大病救助资格、更多种类的教育津贴和更高水平的补贴、易地搬迁的国家补贴、参加农村危房改造和藏区新居的资格、参与集体经济分红等。这些资源的获得很可能使贫困户在短期内摆脱贫困。再加上我们也一再强调贫困是动态的而不是静态的，如果贫困户这种身份的获得是因学或者因病，那么孩子毕业了，病治好了，家庭走出缺乏劳动力的低谷，这些原本贫困的家庭经济状况就有可能远远超过那些没有被纳入贫困户的农户。那些没有被纳入贫困户的农户该怎么办呢？

在这种普遍贫困的村庄，矮子里面拔大个，正如当地的村干部告诉我们的，会人为造成村庄中不同利益群体、村民之间的矛盾。而为了实现2020年扶贫攻坚的目标，贫困户现在只准出不准进，更无法通过贫困户的调整来缓解这种矛盾。虽然绝对贫困户的确认，可能不会再发生，但是2020年扶贫攻坚目标实现之后，还要面对相对贫困的问题，可能还需要确认相对贫困户。我们根据这次在丹巴的调查，建议政府在这种普遍贫困的少数民族地区，尽可能地把所有符合贫困户资格的农户都纳入贫困户的范畴，可以根据实际情况随时调整。而不是确定贫困户的指标，层层分解，给每个村规定确定的贫困户名额。或者减少这些地区和贫困户身份绑定的资源，实施更多普惠性的扶贫政策和项目。

参考文献

陈洋、王益谦：《藏族地区贫困县发展模式的探索——四川丹巴县的实证研究》，《西部发展评论》2005年第4期。

程明勇：《土地整治项目PPP模式研究初探》，《中外企业家》2016年第10期。

崔全红：《土地整治研究进展综述与展望》，《农村经济与科技》2018年第29卷第11期。

丹巴县政府：《丹巴县2014年国民经济和社会发展统计公报》，http://danba.gzz.gov.cn/，2015。

丹巴县政府：《丹巴县2015年国民经济和社会发展统计公报》，http://danba.gzz.gov.cn/，2016。

丹巴县政府：《丹巴县2016年国民经济和社会发展统计公报》，http://danba.gzz.gov.cn/，2017。

丹巴县政府：《丹巴县2017年国民经济和社会发展统计公报》，http://danba.gzz.gov.cn/，2018。

甘庭宇：《精准扶贫战略下的生态扶贫研究——以川西高原为例》，《农村经济》2018年第5期。

何丹、吴九兴：《PPP模式农地整理项目的运作方式比较》，《贵州农业科学》2012年第10期。

李宴：《土地整理公众参与权及其法律实现》，《农村经济》2015 年第 7 期。

刘新卫：《建立健全土地整治公众参与机制》，《国土资源情报》2013 年第 7 期。

刘新卫：《土地整治如何助力扶贫攻坚》，《中国土地》2016 年第 4 期。

刘新卫：《基于土地整治平台促进连片特困地区脱贫攻坚：以乌蒙山连片特困地区为例》，《中国国土资源经济》2017 年第 5 期。

刘新卫、杨华珂：《贵州省土地整治促进脱贫攻坚的现状及发展建议》，《贵州农业科学》2016 年第 25 期。

吕苑娟：《一份精准脱贫的"国土答卷"》，《中国国土资源报》2016 年 7 月 11 日，第 3 版。

门鑫：《土地整治项目效益评价研究——以甘肃某扶贫工程为例》，兰州交通大学硕士学位论文，2017。

戚宏彬：《土地整治 PPP 模式的研究综述》，《中国管理信息化》2017 年第 20 卷第 6 期。

钱旭、杨玲：《土地整治中的扶贫之路探析——以望谟县为例》，《农村经济学》2017 年第 7 期。

沈茂英：《四川藏区精准扶贫面临的多维约束与化解策略》，《农业经济》2015 年第 6 期。

四川省丹巴县志编纂委员会：《丹巴县志》，民族出版社，1996。

四川省甘孜藏族自治州统计局：《甘孜统计年鉴 2017》，http://www.gzztjj.gov.cn/12399/12400/12473/2017/10/30/10602819.shtml，2018。

王文玲、阚酉浔、汪文雄、杨钢桥：《公众参与土地整理的研究综述》,《华中农业大学学报》(社会科学版)2011年第3期。

王晓毅:《反思的发展与少数民族地区反贫困:基于滇西北和贵州的案例研究》,《中国农业大学学报》(社会科学版)2015年第4期。

王晓毅:《精准扶贫与驻村帮扶》,《国家行政学院学报》2016年第3期。

王晓毅、马春华:《中国12村贫困调查:理论卷》,社会科学文献出版社,2009。

汪三贵等:《少数民族贫困变动趋势、原因及对策》,《贵州社会科学》2012年第12期。

王兴贵:《四川藏区乡村旅游全域开发模式与路径分析——以丹巴县为例》,《湖北农业科学》2016年第55卷第12期。

吴贵蜀:《农牧交错带的研究现状及进展》,《四川师范大学学报》(自然科学版)2003年第26卷第1期。

许汉泽、李小云:《精准扶贫:警惕"碎片化"和"运动式"治理》,《探索与争鸣》2018年第2期。

杨剑、曹海欣:《运用PPP模式开展土地整治的实践与思考——以山东省章丘市为例》,《中国土地》2016年第12期。

杨全富:《丹巴元宵朝圣会》,《中国西部》2017年第2期。

张超:《浅谈土地整治助推精准扶贫——以贵州省威宁县中水镇土地整治项目为例》,《低碳世界》2017年第11期。

张正峰:《我国土地整理模式的分类研究》,《地域研究与开发》2007年第4期。

赵伟、张正峰:《国外土地整理模式的分类及对我国的借鉴》,《江西农业学报》2010年第22卷第10期。

后　记

　　从 2016 年底开始执行"精准扶贫精准脱贫百村调研"的子课题"藏族农区的土地整理与脱贫",到现在完成整个调研报告的写作,转瞬间已经过去了两年。回首过去,往事历历在目。这次调查虽然有很多曲折,也有很多无奈,但更多的是收获,是看到通村公路在山间盘旋的兴奋,看到贫困户家徒四壁的辛酸,看到一排排郁郁葱葱的中草药药苗的喜悦。

　　我们调研的地点是四川省西部高原藏区县丹巴县的腊月山村。丹巴县地处青藏高原的东南边缘,属于岷山、邛崃山脉之高山峡谷区。境内峰峦叠嶂、峡谷幽深。整个丹巴县地处川滇农牧交错带,既有农业村也有牧业村;既有耕地,甚至水田,也有牧场;既有雪山,也有森林。我们调查的对象是嘉绒藏族,是康巴藏族的一部分,不同于西藏、青海的卫藏和安多藏族,他们是藏族中的"绒巴"(农区人)。他们最为崇敬的神山是丹巴县内的墨尔多山,"嘉绒"就是因嘉莫墨尔多神山而得名的,意指墨尔多神山周围地区。

　　丹巴县距离成都 368 公里。地图上的距离并不遥远,但是一路上都要翻山越岭。因为从丹巴县到半扇门乡，从半扇门乡到腊月山村，几乎没有什么公共交通，所以我们课题组在成都租了一辆车，从成都开到丹巴。不论从川西环线的北边或者南边走，都要经过海拔超过4000米的垭口。2017年4月，我们整个课题组第一次进丹巴，虽然其他地方已经郁郁葱葱，成都的桃花都已经开败，但是我们经过的海拔4480米的巴郎山垭口还是冰天雪地。虽然我们预料到山路崎岖，租的是四轮驱动的车，但是在这种山路上车轮还是打滑。好在路上车少，总算安全通过垭口，最后安抵丹巴县。

4月的丹巴，非常美。阳光明媚，梨花盛开。富于民族特色的嘉绒藏寨散布在山间。腊月山三村通村公路的绿色护栏在山谷的新绿中若隐若现。腊月山村的主要经济作物花椒树发出了嫩绿的新芽，一些村民在田间照护毛茸茸的中草药药苗，一切都充满着勃勃生机。那天，我们正在腊月山三村海拔超过3000米的村民小组做访谈，突然天色大变，很快天空就飘起了雪花，远处的山林、近处的村庄，都被笼罩在朦胧的雪雾之中。我们和村民都挤坐在厨房间，围着灶台取暖聊天。我们访谈完了，准备回住处的时候，雪下得更大了。本来就地势陡峭，急转弯随处可见的通村盘山公路，变得更加难行，送我们的村支书的皮卡的刹车皮都散发出难闻的味道，雪花在昏黄的车灯中飞舞。总算一切都是有惊无险。

2017年9月，我们第二次来到了丹巴县腊月山村。这时候的丹巴刚刚经历过"6·15"特大洪水，很多村庄和农户受灾。正如前文所说，丹巴水系发达，整个县城，五水分流。遇到这种60年一遇的暴雨和洪水，受灾的面积也就更广。腊月山村主要分布在半高山和高山，基本没有受到洪水的影响，可是2016年刚刚建成的通村公路备受考验。公路沿线很多没有堡坎和挡墙的地方，土石因为暴雨冲击而滑落，堵塞了路面，有的地方车能够勉强通过，有的地方就只能够步行了。所以，这次进村调研，很多时候只能够步行和爬山。在海拔3000米的地方，背着双肩包，抱着问卷，对于平原来的我们每个人都是考验。

除了体力的考验，更让我们深思的是这些基础设施的脆弱性，还有当地生产生活条件的恶劣。虽然60年一遇的洪水不常见，暴雨却是经常见的。一方面，没有足够的人力去做道路的维护工作；另一方面，道路的维护可能还跟不上道路的破坏。这也是为什么当地村干部无奈地告诉我们"修一天垮一天"。这些自然灾害不仅危及道路，实际上更加危及农作物，因为腊月山村的地势陡峭，很多农田的坡度甚至超过60°，不仅是跑水跑肥跑田的"三跑地"，遇到暴雨这种天灾，更大的可能是颗粒无收。当地最重要的农作物花椒，因为地处高海拔，霜雪常见，也会因为几场雪就没有了收获。这里风景秀美，但是一方水土真的养得活这方人吗？现有的扶贫措施是否可持续？

这次丹巴调研，让我们感受到了丹巴的美景，更体会到了嘉绒藏族的热情。我们在此，诚挚地感谢每一位配合我们调查的当地村民，谢谢他们为我们的调查提供的真实数据和看法。我们要特别感谢腊月山村三个村的村干部，尤其是四川省国土资源厅在半扇门乡的挂职干部，没有他们的帮助，我们无法很快地进入现场，无法尽快地熟悉当地的情况，无法得到当地村民的配合。我们也要感谢半扇门的乡领导，没有他们的帮助，我们无法真正开展工作。我们还要感谢四川省国土资源厅在丹巴县挂职的副书记，没有他的帮助，我们无法得到半扇门乡的接纳和配合，也无法真正开展工作。我们同时要感谢丹巴县扶贫移民局局长、四川省扶贫移民局办公室主任、四川省原卫计委办公室主任，没有他们的帮助，我们无法顺利完成这次调研，无法收集到反映藏族农区精准扶贫精准脱贫的真实资料。

马春华

2019 年 12 月

图书在版编目（CIP）数据

精准扶贫精准脱贫百村调研. 腊月山村卷：藏族农
区的土地整理与脱贫 / 马春华, 庄明著. -- 北京：社
会科学文献出版社, 2020.6
ISBN 978-7-5201-5862-6

Ⅰ. ①精… Ⅱ. ①马… ②庄… Ⅲ. ①农村-扶贫-
调查报告-丹巴县 Ⅳ. ①F323.8

中国版本图书馆CIP数据核字（2019）第279022号

· 精准扶贫精准脱贫百村调研丛书 ·

精准扶贫精准脱贫百村调研·腊月山村卷
　　——藏族农区的土地整理与脱贫

著　　者 / 马春华　庄　明

出 版 人 / 谢寿光
组稿编辑 / 邓泳红　陈　颖
责任编辑 / 张　媛

出　　版 / 社会科学文献出版社·皮书出版分社（010）59367127
　　　　　　地址：北京市北三环中路甲29号院华龙大厦　邮编：100029
　　　　　　网址：www.ssap.com.cn
发　　行 / 市场营销中心（010）59367081　59367083
印　　装 / 三河市尚艺印装有限公司

规　　格 / 开　本：787mm×1092mm 1/16
　　　　　　印　张：18.5　字　数：180千字
版　　次 / 2020年6月第1版　2020年6月第1次印刷
书　　号 / ISBN 978-7-5201-5862-6
定　　价 / 59.00元

本书如有印装质量问题，请与读者服务中心（010-59367028）联系